互联网募捐平台

价值与运作机制

卢玮静　陶传进　孙闻健　马　莎　著

清华大学出版社
北京

图书在版编目（CIP）数据

互联网募捐平台：价值与运作机制/卢玮静等著. —北京：清华大学出版社，2021.7

ISBN 978-7-302-58538-1

Ⅰ.①互… Ⅱ.①卢… Ⅲ.①互联网络—应用—募捐—研究 Ⅳ.①C913.7－39

中国版本图书馆 CIP 数据核字(2021)第 126951 号

责任编辑：周 菁
封面设计：傅瑞学
责任校对：王凤芝
责任印制：杨 艳

出版发行：清华大学出版社
　　　　　网　　址：http://www.tup.com.cn，http://www.wqbook.com
　　　　　地　　址：北京清华大学学研大厦 A 座　　邮　编：100084
　　　　　社 总 机：010-62770175　　　　　　　　邮　购：010-83470235
　　　　　投稿与读者服务：010-62776969，c-service@tup.tsinghua.edu.cn
　　　　　质量反馈：010-62772015，zhiliang@tup.tsinghua.edu.cn
印 装 者：小森印刷霸州有限公司
经　　销：全国新华书店
开　　本：155mm×235mm　印　张：14.75　　　字　数：196 千字
版　　次：2021 年 9 月第 1 版　　　印　次：2021 年 9 月第 1 次印刷
定　　价：88.00 元

产品编号：090306-01

前　　言

　　以个人为中心的 Web 3.0时代的到来，互联网开始与各个领域、各个行业进行深度融合，创造新的发展生态。当前中国的互联网公开募捐已经成为中国公益领域不可或缺的新兴力量，且逐渐被置于一个关键性的位置。"互联网＋慈善"为慈善事业提供了新的发展机遇，慈善募捐的发展路径逐渐呈现出"从窄众走向大众""从单一走向多元""从线下走到线上"的特征和趋势。

　　借助于互联网公开募捐信息平台（简称平台或互联网募捐平台）连接公众的优势，捐赠优质多元的公益项目逐渐成为人人触手可及的机会。互联网公开募捐开启了中国由法人捐赠主导转向以公众捐赠主导的序幕。较传统募捐方式而言，网络募捐具有透明度高、互动性强、覆盖面广、成本低等优势，因此逐渐成为公众的主要捐赠渠道和慈善组织重要的资金来源。

　　在过去，我们或许难以想象在"99公益

日"短短几天之内有着 4800 万人次参与捐款超过 17.8 亿元的
捐赠快速发生，也难以想象在"双 11"一天之内爱心捐赠可以
累计超过 100 亿笔，为公益机构筹款 22 亿元。网络募捐筹款总
额和参与人次逐年递增，2019 年网络募捐筹款总额超过 54 亿
元，网络点击、关注和参与互联网慈善的总人次超过 108.76
亿。目前中国一共有 20 家平台（第三批平台正在遴选中），是由
少到多产生出来的，构成了由社会捐赠人、互联网募捐平台、公
益项目筹款与运作者（包括公募组织和小公益组织）这三大类主
体构成的社会公益行动体系。

在互联网公益快速发展中，一方面，我们欣喜于越来越多的
企业和社会力量通过运营平台的方式进入公益领域，给中国的公
益慈善事业带来更多的资源、关注度和技术工具；另一方面，也
出现了一些担忧，担心由企业主导的互联网募捐平台借助于资源
进而控制了公益组织的筹款空间、运作模式、项目方向等。

当前中国公益组织自身发展尚处于起步期，其在自身项目模
式打造、筹款、服务捐赠人、公信力建设方面发育还不完全时，
遭遇了资源庞大的互联网体系，必然会出现两种力量交锋时迸发
出的冲突、共创、融合、交互等种种现象。

从社会进步的角度看，当前的局面是公益与市场资本在交汇
中相互嵌入，互联网募捐平台这股力量更为激烈且鲜明。我们不
能因此退缩或者终止公益组织和互联网募捐平台深度互动合作，
相反，我们需正视或者直面转型过程中的真实问题，在此基础上
予以积极应对。

从一个较为长远的视角来看，社会捐赠人、互联网募捐平台
和公益组织三大类主体在整个互动进程之中无疑是快速发展进步
的，当下整个行动领域正在朝双赢的理想模式演进。但其间存在
着诸多的障碍与问题。其中的关键点包括：如何形成社会及行业
对平台的恰当定位和认知；阐明平台的价值和作用机制；具体推
动平台厘清困惑与问题，朝向理想模式运作等。

于是，在比尔及梅琳达·盖茨基金会的支持之下，我们针对

中国互联网公开募捐信息平台开展了支持性系列研究，研究的第一阶段，试图厘清对当前一些基本问题的认识，并记录这一段发展进程。

（1）除了公益资金量和关注度以外，互联网募捐平台的价值还有哪些？每家平台独特的价值贡献点在哪里？各自的优势是什么？——我们需要对平台有更为全面、恰当和深度的认识。

（2）三大类主体构成的互联网公益体系内生的运作规律是什么？政府在其中应该发挥怎样的作用？政府的监管和这套规律又将如何整合起来？第三方机构和媒体在其中又发挥着怎样的作用？如何才能实现让互联网为公益服务，而不是变成负向把控？我们该如何看待当前发展过程中的种种问题？——即我们需要洞察到平台运作背后的基本规律，明白各个主体该如何发挥作用，进而重新审视现在的政府监管、各主体间的竞争与合作。

（3）在当前互联网募捐平台上出现了哪些不同形态的捐赠？互助性质的个人求助平台和我们所研究的纯公益性质互联网公开募捐信息平台是怎样的关系？对于当前发展中暴露出来的一些问题，我们该从何种视角或用怎样的方法论来观察？

基于上述三点，本书一共分为三大部分：

第一部分为"互联网募捐平台的社会价值"。这部分将阐述中国互联网公开募捐信息平台的缘起、发展历程与现状、价值，并以部分平台为典型案例，呈现平台独特的价值贡献点。

第二部分为"社会选择机制下的互联网公益"。这部分将具体阐述互联网募捐平台运作的社会选择机制，包括：三大类主体的互动选择、政府的角色和监管格局、社会选择机制的建构和演化、平台在其中的分化和数字化能力对其的影响。

第三部分为"互联网下的公益捐赠格局"。这部分将呈现互联网公益下的捐赠演化脉络、互联网两类平台（个人求助平台和募捐信息平台）各自的价值点和本质区别、我们观察研究平台的方法论和视角。

本书仅呈现我们这一阶段的研究成果，互联网公益的快速发展，五年可能就会有一个天翻地覆的变化。我们记录和观察的过程也是一个学习的过程，我们更加期待未来有更多的力量加入其中。我们也需要与时俱进，拥抱数字化科技带来的公益未来。

整个中国互联网公益用了短短五六年的时间就交出了这样的一份答卷，或许其中仍然存在着诸多问题，但丝毫不会折损其在吸引捐赠人和公益组织等方面的巨大作用力，而它的价值和其中的践行者值得被记录。我们也希望大家对于这些发展中的公益力量怀有足够的尊重和敬意、更多的宽容和理解、更为系统睿智的洞察和思考，给他们充分的机会和发展空间！

目　　录

第一部分　互联网募捐平台的社会价值

第一章　互联网募捐平台的基本介绍 ················· 3

　一、中国互联网募捐的源起与发展经历 ··········· 3

　二、中国互联网募捐迈过的台阶 ··········· 13

　三、互联网募捐平台管理机制的演变 ··········· 15

　四、互联网募捐平台的运作表现 ··········· 19

　五、互联网募捐平台的价值：理想下社会选择机制带来的

　　　效果 ··········· 22

　六、互联网募捐平台价值的动态演化过程 ··········· 26

第二章　社会资金和关注度的卷入 ··········· 28

　一、腾讯"99公益日"的运作原理 ··········· 29

　二、腾讯"99公益日"产生的效果 ··········· 32

第三章　社会化规则的建构 ··········· 37

　一、"99公益日"中的规则体系和破坏情形 ··········· 38

　二、现象背后的三个模型分析 ··········· 43

  三、不同组织的行动选择 ·················· 47

  四、规则的艰难建构与乐观的前景 ·········· 50

第四章 公益项目的专业化升级 ·············· 58

  一、阿里巴巴公益项目遴选体系 ············ 59

  二、平台项目管理的专业导向 ·············· 62

  三、归总：平台实现项目专业化标杆的影响带动 ······· 64

第五章 从促进公众参与到培育理性捐赠人 ······· 65

  一、概述：理性捐赠与互联网筹款的结合 ········ 65

  二、从公益参与者到理性捐赠人要经历的阶段 ····· 67

  三、理性捐赠人需求脉络的理解与激活 ········ 72

  四、线上公众参与的服务模式创新 ·········· 81

第六章 公益领域的供需直接对接与打通 ········ 85

  一、公益宝＋慈善会的项目体系 ············ 86

  二、互联网技术上的运用，实现了供需的直接对接 ····· 88

  三、受益人与捐赠人供需直接对接的新方式，显现了

    独特的效果 ······················ 94

第二部分 社会选择机制下的互联网公益

第七章 互联网公益领域的社会选择机制 ········ 103

  一、社会选择机制的概念 ·················· 104

  二、当前互联网公益社会选择机制的现状 ········ 104

  三、社会选择背后的原理 ·················· 109

  四、社会选择机制中的契约关系 ············· 110

第八章 社会选择机制与政府角色 ············· 116

  一、政府在其中的角色：天花板还是地板 ········ 116

二、三层级的格局：底线监管＋社会选择＋引领支持 … 122

第九章　社会选择机制的建构 ……………………………… 128
　　一、从政府监管模式说起 ………………………………… 128
　　二、社会选择机制的失灵 ………………………………… 132
　　三、专业权力的介入 ……………………………………… 140

第十章　社会选择机制的演化格局 ………………………… 151
　　一、平台走向市场细化 …………………………………… 152
　　二、对市场细化的否定论 ………………………………… 154
　　三、平台入围与评估标准：无害原则 …………………… 159
　　四、保障数量基础上的演化格局 ………………………… 163

第十一章　互联网募捐平台的差异性与分化 ……………… 165
　　一、平台的差异性对社会选择的影响 …………………… 166
　　二、数字化能力的应用影响平台的类型分化质量 ……… 171

第三部分　互联网下的公益捐赠格局

第十二章　互联网公益下的捐赠演化脉络 ………………… 181
　　一、公众可以借助于互联网随时进入公益 ……………… 182
　　二、互联网公益中的五个捐赠台阶 ……………………… 184
　　三、互联网中捐赠人的系统谱系 ………………………… 194

第十三章　从无限公正到社会选择 ………………………… 197
　　一、第一个体系：政府提供医疗救助 …………………… 198
　　二、第二个体系：公益组织提供的医疗救助 …………… 201
　　三、第三个体系：个人求助平台的医疗救助 …………… 203
　　四、归总：三个体系共同建构整体格局 ………………… 206

第十四章　关于平台观察的方法论问题探讨 …………… 209

　一、直面一些批判性观点 ………………………… 209

　二、针对这些观点需要做什么 …………………… 211

　三、原理分析（一）：落地一套制度与运作机制 …… 215

　四、原理分析（二）：积极性解决问题的视角 ……… 218

参考文献 ……………………………………………… 221

致谢 ……………………………………………………… 225

第一部分

互联网募捐平台的社会价值

第一章　互联网募捐平台
的基本介绍

一、中国互联网募捐的源起与发展经历

公益信息的传递，尤其是与公益筹款或公益捐赠相关的信息传递，依赖于多元化的媒介进行。在互联网出现之前，公众更多地从报纸、电台与电视中获得公益项目或组织信息，当时的公益传播受限，展示信息的机会又非常稀缺，公益信息和公众之间存在着鸿沟。互联网的出现，打破了这种公益信息的"沉默"局面，从此开始重构中国公益信息传播与筹款的格局。从时间周期来看，互联网捐赠的发展经历了以下关键时间点（见图1-1）。

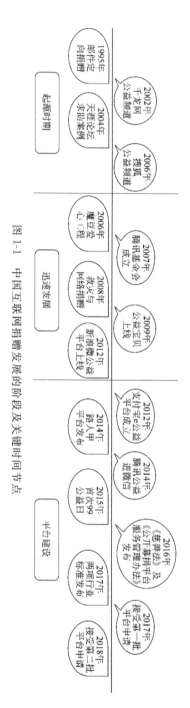

图 1-1　中国互联网捐赠发展的阶段及关键时间节点

这些时间节点是中国互联网捐赠走过重要的里程碑,这些里程碑意味着什么?每个时间点下互联网捐赠所面临的现状和空间是什么?接下来,我们将以此为中心详细展开讨论。

(一)起源时期:与商用互联网同步出现的互联网筹款

1. 邮件作为载体的定向公益信息

中国的商用互联网起步于 1995 年,与此同时,各项信息的传递工具也逐渐被大家所接受。这个阶段公益信息在互联网的传播方式,主要是通过电子邮件群发向特定群体传递公益项目以及相关的筹款信息。这种方式常常在高校中流行,尤其是在几个较为典型的大学生急病求助事件中,通过互联网发布求助救援和捐款信息成为一种有效做法。

与此同时,一个个小的互助群体也随之在互联网上出现,并成为我国互联网公益最初的形态。

2. 门户网站提供了单向度的公益信息发布功能

互联网最开始被大家熟悉的一种产品类型就是门户网站,这些门户网站一般以汇集信息为主,既有囊括全国信息的门户网站,也有以地方信息为主的地方门户网站。随着网络访问量的增加,门户网站的选题也在不断地扩展,社会公益随之逐渐被其纳入选题范围。如 2002 年,门户网站千龙网专门开通了整合公益信息的公益频道,这是中国网络媒体第一个综合性公益频道。2006 年,搜狐公益频道以专题形式建立起来,成为首个商业网站特意开设的公益频道。

门户网站发布公益信息无疑是一个里程碑,但同时存在弊端,尤其是在当时网络技术尚不发达,网站的信息传递以单向度为主。这意味着信息的传播速度虽然提高了,但公众依然只能被动接收信息,导致他们对信息中承载的公益项目和公益筹款的内容,除了浏览之外几乎作不了太多反馈。

3. 网络论坛的兴起使得公益信息可与多方互动

网络论坛的出现,似乎解决了门户网站传递公益信息的痛点问题，但受限于其运作形式，仍需外部力量介入来打通从信息发布到采取行动的闭环。但实际上最初根植于某个具体的社群中的网络论坛，例如高校论坛或城市论坛，其形成内容枢纽的过程也与社会热点议题密切相关。而对于这些议题的更进一步的解决，还离不开有人发起公益项目或社会行动。

成立于 1999 年的天涯社区是最具代表性的网络论坛，至今仍具有较高的访问热度。论坛在建立之初就以开设天涯互助板块的形式与社会公益以及发布公开募捐信息产生联系。此后，天涯论坛又分别在 2001 年、2005 年和 2009 年，开设了环保先锋、志愿者和公益同行等版块。论坛将社会热点议题与公益事业相结合，并加入了公众参与，逐渐形成了网络论坛开展和互联网公益的一类独特做法。以一个求助个案为例：

> 2004 年 7 月 15 日 18 点 46 分，居住在广东开平市的张女士在天涯社区以实名发布了一篇名为《全天下的朋友恳请进来》的帖子。其中详细介绍了她的个人病情及相关信息，希望广大网友伸出援手，资助她做心脏手术。帖子发出后，吸引众多网友注意，网友的回复纷繁复杂，既有提供信息者（poien：你还好，起码能到天涯求助。多少连电脑都没有见过的病孩，求助的机会都没有。或者你可以联系妇联、青少年基金会寻求帮助。"），也有冷嘲热讽者（mmm1971nnn："这个世界太惨冷了，早点离开这个世界也许是个好事，你说呢？"）。

> 而随着张女士公布筹款账户的情况，一些网友选择对其进行了捐助。部分热心网友酌情分析采用哪种募捐方式更为合理，甚至提供了联系海外 NGO 的方法，这种互动的过程也展现了当时互联网论坛联合公益行动所产生的独特效果，如同我们现在所谈到的人人公益一样，开始呈现出公共参与和公众互动的局面。

网络论坛能够激发公益行动，但其短板也非常明显。公益信息的发布非常随机，缺少指引，也没有一定的规则和约束机制，乃至于今天我们再回头去看张女士事件时，网友的一些回复也令人感到不解，对求助者没有什么帮助。

（二）迅速发展：公众参与热情的释放与公益舆论危机

1. 互联网企业对"互联网公益捐赠"的早期探索

2004 年，在《基金会管理条例》正式实施之后，社会发起的基金会注册成立的速度显著加快。这也是中国互联网基础设施快速发展的阶段，许多互联网企业都开始尝试从门户走向平台，并陆续在企业中成立公益部门，或发起企业基金会。例如由腾讯发起的腾讯公益慈善基金会于 2007 年注册成立，这些都标志着互联网的先行企业们正在将"互联网捐赠"的话题纳入其视野中。其中最具备代表性的案例，则是发生在淘宝网的"魔豆宝宝"案例。

2005 年，罹患绝症的单亲妈妈周女士强忍病痛，在病床上开了一家淘宝服装店，名为"魔豆宝宝小屋"。一年后，周女士离世，但魔豆公益行动却刚刚开始。

2006 年起，中国红十字会联合淘宝网启动"魔豆爱心工程"，在全国范围内寻找困难母亲，助其就业。红十字会在淘宝网上开设"魔豆宝宝爱心账户"，并特别设置了自动捐款功能——凡将商品设为"爱心宝贝"的淘宝卖家，每达成一笔交易就自动捐出 1 分钱，这一善举赢得了很多店家与网民的支持。

2009 年，淘宝将"爱心宝贝"升级为"公益宝贝"，并向所有商家和公益机构开放，最终形成了一个新的互联网公益模式——公益电商。

2. 公众巨大的参与热情与互联网筹款的双刃剑

2008 年是互联网公益发展一个里程碑式的年份，汶川地震激发出了前所未有的捐赠热情，在互联网尤其是互联网社交平台的辅助下，这种巨大的热情最终演变为全国各地的志愿服务组织通过论坛、博客、QQ等互联网社交渠道，发起大量的网络捐赠活动。同时，各类公益基金会也意识到在互联网筹款中巨大的公众参与作用；正是在这个阶段中，他们建立起了与捐赠公众的普遍联系。

2012年12月，新浪微公益平台上线，该平台专门面对微博用户进行开发，使得公益项目的传播和筹款嵌入到微博这样的高密度社交网络平台中。通过对公益资源和微博互动优势的有机整合，新浪微公益平台提供"一站式"救助服务，大幅度降低了公益门槛，并将"流量"搭载到公益项目体系上，使得其可以快速推广并获得公众的广泛捐赠，例如免费午餐项目早期的筹款、传播、受益学校和社会的互动等。

高昂的参与热情背后，也出现了互联网公益纷繁复杂的情绪宣泄与虚假信息。互联网动员公众参与的另一面，是公众会用放大镜观察公益组织的一言一行，并通过互联网广泛传播，因此任何瑕疵和错误都会被放大。一个公益丑闻事件可能会拖累整个公益行业的互联网筹款行动，这在"郭美美"事件中表现得淋漓尽致。

2011年6月，网名"郭美美baby"的郭美玲发表了一条"住大别墅，开玛莎拉蒂"的炫富微博，并称自己是中国红十字会商业总经理，在网络上引起轩然大波。尽管官方调查表明，郭美玲与红十字会并无直接关联，然而网友们的质疑却一再发酵，大量的负面信息充斥网络，久久不能平息。"郭美美事件"不仅仅影响了红十字会、红十字基金会，连整个社会捐款数额以及慈善组织捐赠数额也因之锐减。国家民政部统计数据显示，2011年7月全国社会捐款数为5亿元，和6月相比降幅超过50%。2011年全年捐款比2010年跌了18%。

（三）平台建设：互联网筹款走向规则建设与服务细化

1. 网络捐赠与公益传播的常态化结合

随着门户网站纷纷向平台性网站转型，互联网平台化对于公益筹款的影响也逐渐展示出来。在这期间，各大互联网平台公司都纷纷成立自己的公益平台。

2012 年，支付宝"e 公益平台"成立。这是支付宝为公益行业量身定做的网络捐赠解决方案，整合此前支付宝公益业务群而成。

2014 年，"路人甲公益平台"开始进行路演，这是一个带有答谢机制的公众小额捐赠平台，平台定位于小额捐赠及公益参与的创新公益互动。平台集合了众多优秀的公益项目，用户在捐赠后，即可持续获得该项目进展的反馈，整个过程和内容以温暖基调进行设计；另外，还可兑换合作商家的超值优惠券或在线服务。

同样在 2014 年，腾讯公益平台开始进入微信端，并将功能整合于其中，逐渐形成我们今天所看到的样子。

与平台蓬勃发展同步进行的是公益领域中对于互联网捐赠的理念也在发生着改变，更多的组织开始意识到筹款并非只聚焦于筹款本身，通过互联网平台这个传播的放大器，筹款能更好地为公益传播进行服务，使得公益项目的传播能够伴随着常态化的捐赠，稳定而连续。

2014 年 8 月，呼吁公众关注渐冻症的"冰桶挑战"活动在中国互联网上火热进行。在名人、明星的助推下，这项活动在网络吸引了超过 44.4 亿人次点击，募集善款 800 多万元人民币。

"冰桶挑战"对公益组织的启发在于网络捐赠与公益传播的结合从一种设想转变为一种可行的方式，其不仅能够通过互联网筹集到公益资助金，还能够通过互联网进行广泛的传播，这种传播的价值使得公众能够共同关注到公益项目的议题，其价值甚至超越了筹集资金量的多寡。这无疑成了一场中国互联网筹款活动的热烈体验，公益组织和互联网筹款都需要将这样的体验常态化地保留下来。

在这个背景下，2015 年 9 月，腾讯公益基金会第一次上线了"99 公益日"，由腾讯联合公益性社会组织、知名企业、明星名人、传播机构等各方力量发起的活动，成了网络捐赠与公益传播常态化结合的典型例子。

在 2015 年的"99 公益日"里，公益性社会组织、知名企业、明星名人、传播机构联手发力，共同创造了高达 205 万人次的网络捐赠，创下了三天 1.279 亿元捐款的网络奇迹。而 2020 年"99 公益日"三天公众捐赠金额超过 23.2 亿元，捐款人次超过 5780 万人次，公众互动量近 19 亿次。本次"99 公益日"是 2019 年捐赠金额（17.83 亿元）的 1.3 倍，捐赠人次是 2019 年（4800 万人次）的 1.2 倍，再创历史新高。

互联网募捐所达成的效果，不仅是弱势群体和公益项目因此而受益，而且越来越多的公益行动正在通过互联网逐渐与公众产生连接，这种连接重构了中国的公益生态，使得公众参与不再是束之高阁的愿景，而是变成了现实中正在发生的事情。

在庞大的资金量、广泛的公众参与和公益捐赠的新格局下，互联网公开募捐信息平台应运而生，发展成为了今天我们所熟悉的互联网募捐的中间方。

2. 互联网募捐平台应运而生

面对已经蓬勃发展的互联网募捐活动，2016 年 9 月 1 日《中华人民共和国慈善法》（以下简称《慈善法》）实施前夕，民政部根据法律授权，公开遴选并指定了首批 13 家慈善组织的互联网募捐平台。此举以规范互联网募捐为目的，使其不至于沦为无序混乱状态。同时于 2017 年出台了两项行业标准即《慈善组织互联网公开募捐信息平台基本技术规范》和《慈善组织互联网公开募捐信息平台基本管理规范》，标准明确要求平台应平等、公正地对待公开募捐活动，建立统一、公平的信息发布机制，为全国范围内的公益慈善组织提供服务。至此，互联网募捐平台的基本运作秩序形成，包括平台的评价、监督以及退出机制，以确保互联网募捐平台能够有进有出、优胜劣汰，实现公益慈善领域的良性循环。

截至 2020 年，民政部依法指定的互联网募捐平台已有 20 家。在这些平台的有力支持与推动下，中国互联网公益有效连接与激发了社会各界的公益力量。据民政部指定的 20 家互联网公开募捐平台统计，2019 年，全国共有 108.76 亿人次点击、关注和参与互联网慈善，比 2018 年增长了 28.6%，募集金额超过 54 亿元，比上年度增长 68%。[①]

2020 年 11 月，第三批互联网公开募捐平台开始申报，在可见的未来，会有越来越多的平台加入到互联网世界中，为公益筹款发布信息与提供服务。

3. 互联网筹款方式多元细化且独具平台特色

随着以个人为中心的互联网 3.0 时代的到来，互联网募捐平台的筹款方式也越来越具有多元性和平台特色，互联网募捐平台的筹款方式（见表 1-1）主要有以下几类：

（1）以直接捐赠为主的筹款方式，主要包括现金捐赠和非现金捐赠两种类型。现金捐赠是目前各家筹款平台的主要筹款方式，包括次捐、月捐和定向捐等。非现金捐赠主要是各家平台结合自身的特色创设更多捐赠场景卷入公众，给予公众更多参与和体验的机会，更具有趣味性和丰富性，主打行为捐赠，主要有运动捐赠、社交捐赠、游戏捐赠、里程捐赠等。

（2）为特定公益项目或公益机构筹款，比如腾讯公益的"一起捐"、公益宝平台的"幸福家园"项目、"水滴筹"和支付宝的爱心捐赠等。

（3）以购买善因产品和公益产品为主的消费捐，主要有阿里巴巴公益的"公益宝贝平台"、支付宝公益消费捐、美团公益的

---

① "公益慈善数字化"未来可期—中华人民共和国民政部，http://www.mca.gov.cn/article/xw/mtbd/202007/20200700028687.shtml

消费捐及购买各类扶农扶贫产品等。

（4）以传播互动为导向的筹款方式，主要是各互联网募捐平台借助自身的资源和流量优势进行公益信息、话题等的发布，引发公众参与、互动与讨论。主要有新浪微公益、"腾讯 99 公益日"和支付宝"95 公益周"等借助特定节日活动增加曝光量与传播量，从而为公益项目带来更多的捐赠。

表 1-1　20 家互联网募捐平台的主要筹款方式

筹款方式	参与类型		主要代表平台
直接捐赠	现金捐赠	次捐	腾讯公益、阿里巴巴公益、支付宝公益、公益宝等
		月捐	腾讯公益、支付宝公益等
	非现金捐赠	运动捐	腾讯公益、支付宝公益、新浪微公益
		转发捐	腾讯公益、公益宝、新浪微公益等
		运动、社交、游戏综合捐	腾讯公益、阿里巴巴公益、支付宝公益（蚂蚁森林、蚂蚁庄园等）等
		实物捐赠	京东公益、苏宁公益等
筹款	公益项目筹款		腾讯公益、支付宝公益、公益宝、新浪微公益等 20 家平台
	公益机构筹款		
购买	购买善因产品及公益产品		阿里巴巴公益、美团公益、滴滴公益等
	慈善拍卖		阿里巴巴公益、新浪微公益、京东公益等
传播互动	贡献广告资源		腾讯公益（微信自媒体公众号、朋友圈），阿里巴巴（公益广告联盟），支付宝生活号
	公益直播		腾讯视频号、微博直播、阿里巴巴公益（淘宝直播）等
	信息发布及话题讨论		新浪微公益、支付宝公益等

二、中国互联网募捐迈过的台阶

（一）台阶 1：网络募捐主体的公开募捐资质问题

1. 募捐主体的限制使得公益组织需要一种新的募捐渠道

根据现有法律关于募捐主体的规定，具有公募资格的慈善组织只有红十字会和公募基金会，它们分别根据《中华人民共和国红十字会法》（以下简称《红十字会法》）和《基金会管理条例》的规定直接获得公募资格，其他组织都不具备开展公开募捐活动的明确法律依据，而非公募基金会则直接被排除在公开募捐主体之外。

法律中对于公募和非公募的行为边界限定，使得大多数非公募组织难以获得面向公众进行筹款的机会，这并非由于其公众影响力不足，而是在法律框架中未对这一行为进行界定。

2. 与公募机构的合作解决了募捐主体的门槛问题

2014 年的《国务院关于促进慈善事业健康发展的指导意见》是转机的开始，其中明确规定了两条影响互联网公益的重要行为，强调依法依规开展募捐活动（见表 1-2）。

在实际运作中，大量不具备公募资格的组织通过与具有公募资格的基金会合作的方式解决了募捐主体问题，让大量组织和团队得以通过和公募机构合作获得公开募捐资格，在平台上公开募捐信息。

表 1-2　互联网募捐与公募机构合作情况解释

内容类型	政　策　文　本
公募情况的解释	引导慈善组织重点围绕扶贫济困开展募捐活动。具有公募资格的慈善组织，面向社会开展的募捐活动应与其宗旨、业务范围相一致；新闻媒体、企事业单位和不具有公募资格的慈善组织，以慈善名义开展募捐活动的，必须联合具有公募资格的组织进行

内容类型	政　策　文　本
互联网募捐解释	广播、电视、报刊及互联网信息服务提供者、电信运营商应当对利用其平台发起募捐活动的慈善组织的合法性进行验证，包括查验登记证书、募捐主体资格证明材料。慈善组织要加强对募捐活动的管理，向捐赠者开具捐赠票据，开展项目所需成本要按规定列支并向捐赠人说明

（二）台阶 2：互联网中的个人求助与慈善募捐的界定问题

1.《慈善法》及后续规范中对慈善募捐的界定

2016 年《慈善法》对慈善募捐作了性质界定，将其区别于个人求助。而个人求助是一种民事行为，不属于《慈善法》覆盖范畴，目前该领域缺乏明确的法律规范，导致欺诈乱象频发：有的夸大病情，有的隐瞒家庭财产状况，有的善款不知去向；此前掀起轩然大波的"罗尔事件"就是例证。

在社会保障体系尚不够完善、求助渠道尚不充足的情形下，个人在网络上发布求助信息作为一种补充救济渠道，有其存在的必要，不能"一刀切"地明令禁止，应当引导个人求助走上规范化的道路。

2017 年民政部公布了《慈善组织互联网公开募捐信息平台基本技术规范》和《慈善组织互联网公开募捐信息平台基本管理规范》两项行业标准，规定当个人为解决自己或者家庭困难，提出发布求助信息时，互联网募捐平台应有序引导个人与具有公开募捐资格的慈善组织对接，并加强审查甄别、设置救助上限、强化信息公开和使用反馈，做好风险防范提示和责任追溯，进而实现网络募捐监管无死角，减少诈捐骗捐事件的发生。

2. 大病求助平台对个人求助需求的分流

随着政策的完善，慈善募捐与大病求助的行为界限逐渐明确，但使得大病求助能够逐渐与慈善募捐在互联网分流的重要原因还包括个人求助平台的兴起，典型代表包括水滴筹、轻松筹、爱心筹等，这些平台通过为求助发起人提供筹资工具，来实现为大病救急的筹资目标。

以"互联网公开募捐平台"为代表的纯公益运作的平台和以"个人求助平台"为代表的非公益运作的平台有各自的运作逻辑，切勿混为一谈。因此，在公众选择发挥作用的过程中，作为两种不同的平台运作方，有责任向捐赠方清晰地说明平台的身份和职责。而作为捐赠方，也需要很清楚地知道自己的捐赠是在做什么、将资金给了谁、这些资金将会被如何使用、接受捐赠的主体是谁、有无风险和法律权责等等。

（三）台阶3：公众互联网捐赠习惯的养成

2014—2019年互联网公益迅速发展的这5年，也是中国互联网包括移动互联网迅速发展的时期。根据中国互联网协会《中国互联网发展报告（2019）》，至2018年底我国网民规模达到8.29亿，全年新增网民5663万，互联网普及率达59.6%，较2017年底提升3.8个百分点。最重要的是，目前中国的互联网使用普及率超过全球平均水平2.6个百分点。

这意味着，社会公众的捐赠习惯随着互联网及移动互联网技术的发展产生了对应的行为习惯迁移，主要体现在以下三个方面：

（1）互联网成为获取各类捐赠信息最便捷的通道，包括机构信息和项目信息。

（2）移动支付的发展大幅度降低了捐赠的烦琐程度和参与门槛，并且捐赠的场景变得多元。

（3）多类型的社交媒体兴起使得互联网的关注力和影响力完成了从门户网站到社交网络的变迁。公众对于信息的选择并不完全被动，因此公众选择被进一步放大。

三、互联网募捐平台管理机制的演变

（一）规范性政策从无到有的几个阶段

1. 对网络募捐责任主体的认识阶段

通过广播、电视、报刊、电信以及网络等渠道开展的"线

上"募捐活动，特别是基于互联网平台的公开募捐活动，已经成为公益组织募集慈善资源的主要途径之一。然而，在我国现行的法律法规中，针对此类公开募捐行为规范监管的规定较少，在一定程度上造成了公开募捐主体资格不明确、募捐信息发布平台监管缺失等问题。鉴于此，在 2014 年国务院出台的《关于促进慈善事业健康发展的指导意见》（国发〔2014〕61 号）中，首次规定了广播、电视、报刊及互联网信息服务提供者、电信运营商在为公益组织募捐活动提供平台服务时应当履行的责任。

在这个阶段中，互联网募捐的几个责任主体逐渐被认识，并形成了基本的划分原则，例如：

提供公开募捐平台服务的广播、电视、报刊、电信运营商应当符合《广播电视管理条例》《出版管理条例》《中华人民共和国电信条例》等规定的条件。通过互联网提供公开募捐平台服务的网络服务提供者应当依法由民政部指定，并符合《互联网信息服务管理办法》等规定的条件。

个人为了解决自己或者家庭的困难，通过广播、电视、报刊以及网络服务提供者、电信运营商发布求助信息时，广播、电视、报刊以及网络服务提供者、电信运营商应当在显著位置向公众进行风险防范提示，告知其信息不属于慈善公开募捐信息，真实性由信息发布个人负责。

国务院及地方各级广播、电视、报刊及互联网信息内容管理部门、电信主管部门在各自职责范围内，依法对广播、电视、报刊以及网络服务提供者、电信运营商为慈善组织开展公开募捐提供的平台服务实施监督管理，对违法违规行为进行查处。

各级民政部门依法对慈善组织通过广播、电视、报刊以及网络服务提供者、电信运营商提供的平台发布公开募捐信息、开展公开募捐的行为实施监督管理。慈善组织有违法违规情形的，由批准其登记的民政部门依法查处。

2. 对网络募捐主体行为的分化与规范阶段

2016 年 3 月 16 日，《中华人民共和国慈善法》由第十二届全国人民代表大会第四次会议通过，其中第二十七条和第一百零一条再次明确规定了广播、电视、报刊及网络服务提供者、电信运营商在为慈善组织募捐活动提供服务时应当履行的责任和义务。

通过《公开募捐平台管理办法》，使得互联网公开募捐信息平台的认定和管理工作能够纳入到民政部的工作议程中，而在 2017 年民政部公布的《慈善组织互联网公开募捐信息平台基本技术规范》《慈善组织互联网公开募捐信息平台基本管理规范》两项行业标准中，更加明确地将互联网募捐平台的行为内容进行了规范化，形成了标准与指引。

（二）互联网募捐平台管理制度落地的关键节点

2016 年 3 月，《慈善法》表决通过。《慈善法》第二十三条规定：慈善组织通过互联网开展公开募捐的，应当在国务院民政部门同意或者指定的慈善信息平台发布募捐信息，并可以同时在其网站发布募捐信息。

2016 年 5 月，民政部社会组织管理局组织了"慈善组织公开募捐信息平台"认定标准研讨会。

2016 年 7 月，民政部对外发布《关于遴选慈善组织互联网公开募捐信息平台的通知》，开始遴选第一批平台。通知提出了"统筹规划、循序渐进、公开透明、自愿申请、分批考察、择优指定"的遴选原则。

2016 年 8 月，民政部社会组织管理局邀请社会组织代表、捐赠人代表、公益慈善专家、信息化专家和媒体代表根据"形式审查一票否决指标"对 47 家申报平台进行形式审查，有 29 家平台通过审查，18 家淘汰。这 29 家通过形式审查的候选平台需要进行专家评审与答辩。8 月 22 日，民政部社会组织管理局对首批入围的 13 家互联网募捐平台进行了公示。经过公示，最终产生了 13 家互联网募捐平台。

2016—2017 年，在 13 家互联网募捐平台运行的同时，关于慈善组织互联网公开募捐信息平台的相关标准也在制定中。

2017 年 7 月，经过公开征求意见，民政部正式对外发布《慈善组织互联网公开募捐信息平台基本技术规范》和《慈善组织互联网公开募捐信息平台基本管理规范》两项行业标准。

2017 年 10 月，根据标准，民政部对 13 家互联网募捐平台进行了考核。经过考核，2 家平台退出，还剩 11 家平台。标准的制定也为更多机构搭建平台提供了指南，引导更多力量加入到互联网募捐中。

2018 年 1 月，民政部正式发布《民政部办公厅关于遴选第二批慈善组织互联网公开募捐信息平台的通知》，拟遴选指定平台 10 家左右。

2018 年 3 月，民政部社会组织管理局邀请公益慈善专家、慈善组织代表、媒体代表和信息化专家对 49 家申报平台进行形式审查、技术测评，35 家通过审查，7 家未通过形式审查，7 家未通过技术测评。民政部社会组织管理局组织对 35 家候选平台进行了专家评审和答辩。

2018 年 4 月，民政部对遴选结果进行了公示，公示名单中包括 9 家平台。

2018 年 5 月，民政部发布《关于指定第二批慈善组织互联网募捐信息平台的公告》，第二批慈善组织互联网募捐信息平台正式出炉，共 9 家，分别是：美团公益、滴滴公益、善源公益、融 e 购公益、水滴公益、苏宁公益、帮帮公益、易宝公益、中国社会扶贫网。

2019 年 3 月，20 家平台发布第二次工作年报。

2020 年 11 月，民政部发布关于第三批慈善组织互联网募捐平台申请的通知。

四、互联网募捐平台的运作表现

（一）平台数量、范围与资金的快速增长

扩大互联网公开募捐的范围和数量是互联网募捐发展的主要目标之一。从该目标来看，2017 年全年，首批 13 家互联网募捐平台合计募集善款超 25.9 亿元，其中腾讯"99 公益日"期间有 1268 万人次捐赠善款 8.3 亿元，淘宝公益全年累计捐赠人次达 59.8 亿，广益联募平均单次捐赠金额达 1570.9 元。

2018 年，经统计民政部依据《慈善法》指定的 20 家互联网募捐平台共为全国 1400 余家公募慈善组织发布募捐信息 2.1 万条，网民点击、关注和参与超过 84.6 亿人次，募集善款总额超过 31.7 亿元，同比 2017 年增长 26.8％。慈善组织通过腾讯公益募款 17.25 亿元、蚂蚁金服募款 6.7 亿元、阿里巴巴公益募款 4.4 亿元，通过新浪微公益、京东公益、公益宝、新华公益、轻松公益、联劝网、广益联募、美团公益、水滴公益等平台，募款金额均达千万元级。从这一目标来看，通过互联网捐赠的数量和资金总量有了显著提升。

据民政部指定的 20 家互联网募捐平台统计，2019 年，全国共有 108.76 亿人次点击、关注和参与互联网慈善，比 2018 年增长了 28.6％。"一块做好事"，在腾讯公益平台举办的 2019 年 "99 公益日"活动中，短短三天时间就创下了 4800 多万捐款人次、17.8 亿元捐款的新纪录。

（二）互联网募捐带动了更多的公众参与

增强互联网慈善的参与性也是互联网募捐的目标之一。其中，公益组织项目上线的情况是主要参考指标之一。在上线公开募款项目数量方面，腾讯公益平台 2017 年全年上线公开募捐项目 16 847 个，是 2017 年度 12 家平台中上线项目最多的平台。在平台合作的公募公益组织数量方面，腾讯公益平台目前合作的公募公益组织数量也最多，达到 289 家。公益宝、蚂蚁金服公益平台以 156 家、111 家分列其后。

2019 年，20 家平台募捐金额超过 54 亿元，全国共有 108.76 亿人次点击、关注和参与互联网慈善，比 2018 年增长了 28.6％。据腾讯公益官方统计，2020 年"99 公益日"三天募集金额 23.2 亿元，捐赠人次 5780 万，公众互动量达到 18.9 亿次，上线 5331 个项目进行筹款。

（三）互联网捐赠成为国内社会捐赠中快速增长的部分

2008 年之后，国内的社会捐赠总额不断增长，直至近几年社会捐赠的总量开始走入瓶颈期，在 1300 亿元的范围内波动，社会捐赠的增长出现乏力。与此同时互联网捐赠却成为国内捐赠中快速增长的部分，增长幅度非常明显（见表 1-3）。

表 1-3　2013—2019 年互联网募捐金额与社会捐赠额总量汇总

单位：亿元

年度	互联网募捐金额	社会捐赠额总量①	备注：数据来源
2013	4.0	954	《中国慈善发展报告蓝皮书》（2018）
2014	4.0	1058	《中国慈善发展报告蓝皮书》（2018）
2015	13.0	1215	《中国慈善发展报告蓝皮书》（2018）
2016	20.0	1458	《中国慈善发展报告蓝皮书》（2018）
2017	25.9	1526	《中国慈善发展报告蓝皮书》（2018）
2018	31.7	1270	《中国慈善发展报告蓝皮书》（2019）
2019	54.0	1330	《中国慈善发展报告蓝皮书》（2019）

从表 1-3 中可以明显地看出互联网捐赠已成为促进中国社会捐赠的重要增长点，其总金额的增长幅度非常显著。一方面可以理解为公众捐赠习惯改变，另一方面也是互联网捐赠渠道的多样化和服务的细分发掘出了新的捐赠点。尤其在 2020 年，受疫情

---

① 社会捐赠额总量是政府、事业单位、社会组织、宗教场所等系统报送数据和测算数据总和，可监测未通过第三个人捐款和不明信息捐赠数据未统计在内，数据来源于《中国慈善发展报告蓝皮书》（2018）。

影响，更多的捐赠在互联网渠道展开。经统计，2020 年互联网捐赠金额为 82 亿元。[①]

（四）形成了较为稳定的互联网募捐平台队伍

经过两轮的平台遴选，截至 2020 年 12 月，已经形成了较为稳定的 20 家互联网公开募捐信息平台中（见表 1-4），大多数互联网募捐平台是以互联网科技公司为主体成立的，比如阿里巴巴公益、公益宝等，另外少数是以公益基金会为主体成立的，比如联劝网。详细情况如下：

表 1-4　20 家互联网公开募捐信息平台一览表

序号	平台名称	运营主体
1	腾讯公益	腾讯公益慈善基金会
2	阿里巴巴公益	浙江淘宝网络有限公司
3	支付宝公益	浙江蚂蚁小微金融服务集团有限公司
4	新浪微公益	北京微梦创科网络技术有限公司
5	京东公益	网银在线（北京）科技有限公司
6	百度公益	百度在线网络技术（北京）有限公司
7	公益宝	北京厚普聚益科技有限公司
8	新华公益	新华网股份有限公司
9	轻松公益	北京轻松筹网络科技有限公司
10	联劝网	上海联劝公益基金会
11	广益联募	广州市广益联合募捐发展中心
12	美团公益	北京三快云计算有限公司
13	滴滴公益	北京小桔科技有限公司
14	善源公益	北京善源公益基金会（中国银行发起成立）
15	融 e 购公益	中国工商银行股份有限公司
16	水滴公益	北京水滴互保科技有限公司

---

① 2021 年中国互联网公益峰会民政部副部长王爱文的发言内容。

序号	平台名称	运 营 主 体
17	苏宁公益	江苏苏宁易购电子商务有限公司
18	帮帮公益	中华思源工程扶贫基金会
19	易宝公益	易宝支付有限公司
20	中国社会扶贫网	社会扶贫网科技有限公司（国务院扶贫办指导）

五、互联网募捐平台的价值：理想下社会选择机制带来的效果

对于互联网募捐平台的第一印象，一般是其作为一种工具本身的价值，突破了物理空间等条件的限制，改变了我们生活的具体细节，使得公众捐赠可以通过各种各样的方式触手可及。公益和互联网都存在一个共同的理念——"共享价值的理念"。其实互联网一方面改变了我们现有的生活；另一方面也影响了我们的公益行为，包括捐赠和行为公益等。进一步分析，我们可以通过下图中的十字坐标看到互联网募捐在这四个方面的贡献（见图1-2）：

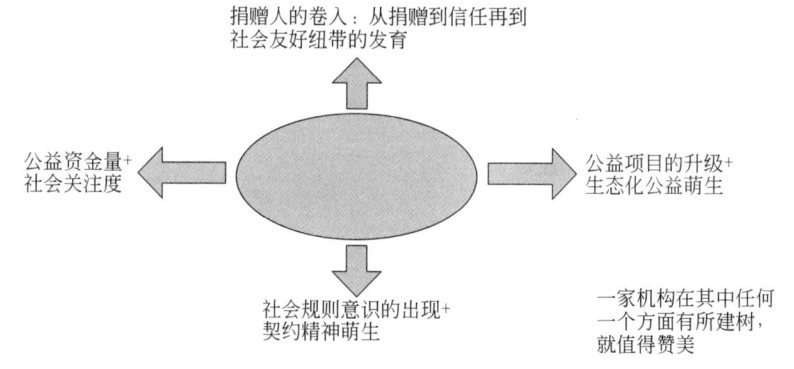

图1-2　互联网公开募捐信息平台的社会效果图

（一）左端：公益资金量与公众关注度

互联网募捐平台最重要的作用便是改变了筹款的方式，即借

助于互联网网络的连接属性或流量进行筹款。

互联网公益带来的第一个直接价值是技术层面带来的筹款价值，即在新媒体和移动支付的时代，我们的捐赠变得非常便捷和方便。公众能够在手机端非常便捷地捐款、捐物，开展各种行为公益（如捐步）等。在多元的基础上，资金量同时也增多。

同时，公益慈善背后所形成的公众关注度也是一份独特价值。借助于互联网的技术优势，流量的引入为公益项目产生了"破圈"的机遇，越来越多的公众能够看到公益项目，进而开始关注。公益项目也在创造新的流量来源，为公益项目引入流量和将公益项目的流量反哺于平台的其他业务，已成为一些平台为了促进自身可持续发展的一种选择。

（二）右端：公益项目升级与公益生态化

平台的社会价值绝不仅仅只是贡献公益资金量和拓展捐款方式。理想情况下，在捐赠人激活后，还将实现左右端的升级和生态化公益的萌生。其中，最为重要的是公益组织运作项目的专业技术含量或解决社会问题能力的提升，即公益专业性。

随着整个社会的发展、捐赠人和公众认识的提高、专业化公益等文化的建构，那些真正关注社会问题、追求专业的捐赠人和公益组织会在平台上逐渐被"选择"出来，为其主动去匹配更为专业的项目运作方式、整合合作方式（与不同 NGO 合作）以及对相应的机构岗位设置和组织架构产生变革式的发展提供可能性。

互联网募捐平台对于公益项目的价值还体现在参与方式上——促成了跨地域、跨界等方面的多元参与而在共享价值下的社会力量（包括企业、社区，还包括病友）的参与下，每个人都可以在互联网共享体系下带动或共享各种各样的资源。最终发现，这些都在重塑当前公益项目的具体内容和行动方式，构成了当下的公益发展生态。

（三）上端：捐赠人卷入并建立起从信任到友好的纽带

互联网募捐平台可以广泛地传播和影响公众，最大可能地纳入社会公众的参与，这是社会化公益真正繁荣的重要阵地。其中，包括项目运作端的公众倡导作用、所产生公众动员与参与作用等。互联网＋公益不仅仅是互联网本身，而是可以借助互联网公益塑造一个社群的基础，同时叠加到不同的社会情境中，例如联劝校友系统的 DAF（捐赠人建议基金），可以建构社会信任，创建不同的场景，让大家在文明发展和社会发展进程当中建构更多的价值并促进互动，使得人们生活更美好，这也是平台公益的价值。

此外，平台建构的场景十分丰富多样，渗透到我们生活的各个方面。除了我们熟悉的腾讯、阿里之外，还有轻松筹、水滴筹、滴滴、美团等，公众可以在支付宝蚂蚁森林上种树、滴滴上捐里程，也可以在美团上点外卖送给千里之外的小朋友，有很多生活场景可以创造、打磨，这也是我们看到的互联网公益带来的丰富多元的价值。它不是单一的维度或标准，而是丰富的社会化体系。互联网公益塑造了一个社群参与的生态，并建立信任和建构社会价值。

（四）下端：构建社会规则意识与契约精神

互联网募捐平台具有一定的公共领域属性，其中，参与者学会了如何进行公共生活、尊重规则和形成契约精神。互联网对于公益领域的公共精神塑造作用丝毫不亚于其他方面的价值。

在平台运作初期，有时会引起资源的"哄抢"效应。在这样一种新型的募捐平台出现的场所，会出现"套捐"、排序的不公正感、公益项目的虚假运作，以及公益机构之间的矛盾冲突等现象，这一切都需要完善新规则的内容与获得社会认可。于是，互联网募捐平台强烈地引出了"规则"的话题。

平台筹款带有资源汇总与分配的效应，利益的分配结果受制于平台自己制定的规则。因此规则的制定、规则的执行、人们对规则的逐渐认识与尊重，都是一个个重要的话题。

有趣的是各家平台都已经有了规则意识并在或快或慢地向前推进，其中最为有趣的是借助于"99公益日"筹款平台制定、完善与不断被磨合的规则体系。这一体系中涉及了规则的制定与修改完善者、规则的遵从者、规则的破坏者与规则的抱怨者几种情形，并构成一个特定的格局。

最重要的结论是：引导规则前行的积极性力量已经给了人们乐观的预期，它似乎具有最终压倒破坏性力量的趋势。引导规则前行的力量既包含互联网平台这样一种规则制定的主体，还包括公益领域内那些"枢纽型组织"，例如中国扶贫基金会、壹基金、阿拉善（SEE）基金会、爱德基金会等著名的公益组织。促使这些枢纽型公益组织这样做的动力是内在性的，包括他们本身的公益理念、公益情怀的坚守，还包括他们更长久的战略眼光以及他们对自身品牌的珍惜。

位于枢纽型组织与部分小型慈善组织之间的机构通常会有两种倾向，对其中具有积极性倾向的组织稍加引导，他们就可以将规则确立为自己行动的标尺并重新以规则为龙头引领自己的整个行动体系。所以说，只要将道理讲明他们都是可以改变的。

一旦将规则意识建构起来，当下公益筹款纷争的乱象将会得以改变，同时，社会领域内自身制定与认可规则的机制也将随之建构起来，改变人们缺乏责任主体意识以及长久以来与规则进行博弈的不良习惯，形成公共生活的基础。关于这部分内容的进一步探讨可见腾讯案例的详细阐述。

当前，我们应该加速对此认知的清晰化过程，并由专业人士解读和推广以逐渐形成行业共识，再努力将其传递到公众层面。达成广泛认知之后，会促进更大范围内的社会选择机制的慢慢建立，形成互联网募捐领域内独有的规则。这将是通过社会选择引领互联网募捐平台和公益组织向着良好方向改善的动力，促使互联网募捐领域自发形成优胜劣汰机制；从而不需要政府事无巨细地监管和统领整个领域。

六、互联网募捐平台价值的动态演化过程

上述的四个维度的价值并不是在平台诞生时就能出现的，而是逐步慢慢地显现，并渐次被人们所认识。

一开始浮现在人们视野中的价值是公益资金量和公众关注度，这是最容易被看到也是最直观的一个价值点。公益组织也容易被平台所能够带来的资金量和关注度所吸引，进而开展双方合作。事实上，平台的价值并不只是左端，还有右端在实现公益项目升级和公益生态化方面的价值，后者对平台和公益组织的要求较高。一般情况下，右端的价值点可能需要平台运作一段时间，逐渐丰富成熟以后才会出现。

所以，很多人现在对于平台的关注重点在于资金量和关注度方面，表现为平台及公益组织都重点关注筹款量和筹款人次，忽略了平台其他三个方面的价值贡献，使得那些在筹款量上不占优势的平台感到挫败。虽然把筹款量和筹款人次作为评判平台的唯一标准是有问题的，但我们也不能因此而否定或批判筹款量和筹款人次，对一些在这方面有着重要贡献的平台进行批评，甚至是站在道德或者专业的制高点对平台指手画脚。平台在四个方面中任意一个维度上有所贡献，都值得被肯定。

在公益资金量和关注度之外，上端关于捐款人的价值或许更容易伴随着资金量的维度而逐渐出现。而下端进入到公共领域的社会规则意识和契约精神，更容易被忽略。但从公共领域参与的稀缺性来说，下端的重要性毫不亚于上端，只是下端并不一定在一开始就出现。下端是整个社会建构的基础底座，我们借助于平台进入到公共领域，并不能让公益凌驾于社会规则和契约精神之上，而是要具有基本的公共意识和公共精神，学会公共领域的参与和协商方式。

我们也不能要求一家平台在四个维度上同时都发力且表现优秀。因此，审视任一平台鼓励采用"加分原则"，而非"扣分原则"。只要平台在一个维度上有所特长就值得被认可、赞扬。我

们很难要求平台做到"全才"。互联网募捐平台的快速发展还不到十年，即使当前可能存在一些问题，我们也应该看到每一家平台的贡献和独特价值，并给他们基本的尊重和敬意、足够的机会和空间、更多的宽容和理解。

在接下来的章节中，我们将梳理当前平台已有的一些独特价值贡献，每一个章节将围绕核心价值贡献进行讨论，并借助于具体平台的案例展开论述，其主要的章节安排如下：

第二章　社会资金和关注度的卷入

第三章　社会化规则的建构

第四章　公益项目的专业化升级

第五章　从促进公众参与到培育理性捐赠人

第六章　公益领域的供需直接对接与打通

可能一个平台在多个方面都有价值贡献点，我们这里的案例主要是希望借助于平台将某方面的贡献点聚焦呈现出来。在已有和未来的平台中，还将会有更多的独特贡献点，也值得被记录，并让更多人看到。

第二章 社会资金和关注度的卷入

互联网公开募捐信息平台不仅仅是一个信息发布和反馈的平台，还将公益组织与项目和更多的社会公众联结起来，实现社会的卷入和互动。当互联网企业的贡献不局限于其互联网工具的功能，还包括社交平台、流量内容甚至配套直接的公益捐赠时，这种卷入就变得更为珍贵。

2015 年，腾讯公益发起的"99 公益日"无疑是当前中国互联网公益募捐领域中现象级的事件，截至 2020 年已举办 6 年。腾讯公益将其成功地创办为一个公益筹款节日，其筹款量之大、传播影响之广、公众参与度之高让整个行业都为之瞩目。这一现象级的平台应当记入到中国互联网公益的发展历程中，并被社会记住其对公益领域的贡献。

一、腾讯"99 公益日"的运作原理

（一）腾讯"99 公益日"简介

2015 年，腾讯公益联合数百家公益组织、知名企业、明星名人及创意传播机构，共同发起一年一度的"99 公益日"活动。活动第一年，腾讯公益自掏腰包 0.999 9 亿元，通过开放微信朋友圈，以"低门槛"的标准欢迎公益组织借此平台向公众进行展示，并获得来自腾讯公益的配捐及公众捐赠。此后，腾讯的配捐以每年 1 个亿的增量逐年递增到 3.99 亿保持不变，并吸引更多的企业进行配捐。

2016 年起，腾讯公益为吸引更多企业参与"99 公益日"，在规则制定过程中设计了不少"玩法"：从一开始的单一捐赠动员到为其搭建平台、降低企业参与门槛再到促进企业向联动更多公众过渡。这样一来，企业参与的动力从单纯的资金捐赠发展为通过腾讯公益为企业创建的场景，在链接公众的过程中传播企业及扩大其影响力。截至今日，企业通过"99 公益日"进行捐赠的动力逐年上升（见图 2-1），经过 6 年的时间，企业参与配捐从最初的 0 到现在突破 10 000 万家，撬动企业配捐资金量更是从 0 到 3.24 亿元，实现指数级增长。

（二）腾讯"99 公益日"的运作手法

腾讯"99 公益日"以其筹款量大和公众参与度高在众多互联网募捐平台中脱颖而出，并试图吸引更多的社会公众参与，实现公益"破圈"，进入到更多群体之中。在规则方面，腾讯公益为吸引更多公众参与做了很多设计，注重公众的捐赠体验。首先，腾讯公益为公众捐赠人提供菜单式的项目展示，并在近几年的规则中，建议公益慈善组织利用多种视听语言和新媒体方式介

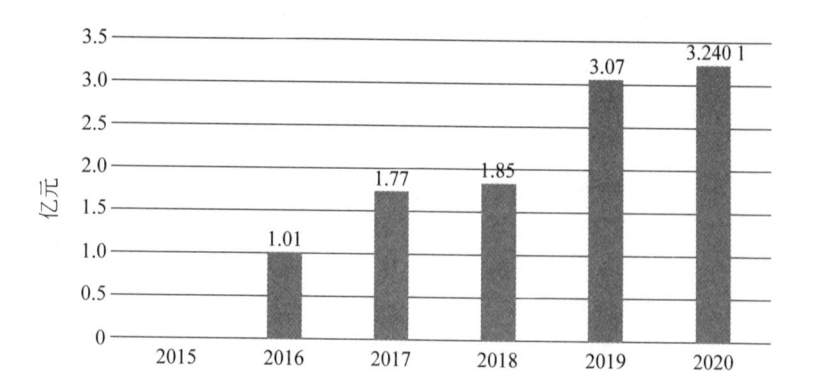

图 2-1 2015—2020 年"99 公益日"企业配捐金额

数据来源：2015 年数据来自于《"99 公益日"：205 万人共创"指尖公益"记录》；2016 年数据来自于《"99 公益日"：3 天善款破 6 亿 677 万人次网民共创新纪录》；2017 年数据《复盘 2017 年"99 公益日"：公众捐款 8.299 亿元，首次超过配捐总额，教育助学项目获捐最多》；2018 年数据《"99 公益日"：2800 万人次捐赠 8.3 亿元》；2019 年数据《4800 万人次捐款＋上万场线下活动，2019 年"99 公益日"全线绽放》；2020 年数据《2020 年"99 公益日"让善意持续"破圈"》

绍自己。腾讯公益还通过设计小游戏的方式增加趣味性，吸引更多公众的参与，如"爱心接龙""爱心加倍卡""集小红花"等。其次，扩大传播影响力，辐射更多的公众。腾讯公益通过出让自身传播资源和撬动合作方传播资源的方式，尝试辐射和吸引更多的公众关注公益，关注"99 公益日"。如从线上向线下延伸、鼓励公益慈善组织在线下创建公益场景与公众进行面对面的互动；增加资金激励用于奖励通过传播触及公众较多的公益慈善组织；以出让腾讯公益自身的传播资源来引导企业动员更多公众参与"99 公益日"等。

腾讯公益抱着非常欢迎和接纳的姿态设计"99 公益日"活动，故将参与的准入门槛设置得很低。参与的公益慈善组织只需满足"在中国大陆依法登记且登记证书有效期半年以上"便可入驻平台。①

"99公益日"通过腾讯自身配比捐赠作为杠杆撬动更多的社会资源，在设计阶段就侧重于更多公众参与。2020年"99公益日"设定的"个人单笔最高捐赠额设置为200元"以及"邀好友集小红花可获随机配捐翻倍"的规则充分体现了腾讯公益看重流量的特质。

（三）腾讯"99公益日"的项目呈现出低门槛、丰富多元的格局

"99公益日"平台上的筹款项目数量众多（见图2-2）、种类丰富，特别是在初期还未针对非常态化项目进行限制时，腾讯

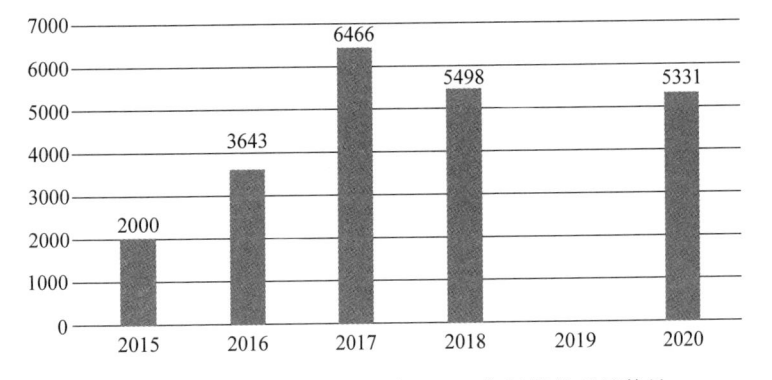

图 2-2　2015—2020 年"99公益日"期间筹款项目数量

数据来源：2015年数据来自于《"99公益日"：205万人共创"指尖公益"记录》；2016年数据来自于《"99公益日"：3天善款破6亿677万人次网民共创新纪录》；2017年数据《复盘2017年"99公益日"：公众捐款8.299亿元，首次超过配捐总额，教育助学项目获捐最多》；2018年数据《"99公益日"：2800万人次捐赠8.3亿元》；2020年数据《易善数据提供的基于"99公益日"页面公开数据统计（截至23点）》

注：2015年数据为大于2000个项目；2019年由于发布字母计划，上线项目具体数量尚未公布，上线机构数为8839个

---

① 2020年"99公益日"规则发布.腾讯公益伙伴（公众号），2020-06-30.

平台上便囊括了救灾、环保、疾病、教育和其他种类。随着"99
公益日"影响力日渐扩大，不少特殊人群和小众探索类议题在
"99公益日"中获得关注，如抗战老兵关怀计划、黑土麦田乡村
创客项目等。对于公众捐赠人来说，腾讯公益将"99公益日"
的捐赠流程打造为"指尖公益"，提供菜单式的捐赠选项，并且
设置了多样化的玩法，不仅吸引了更多潜在公众捐赠人，也将
"快餐式的"捐赠体验发挥得淋漓尽致。

3天的活动，几千个公益项目集中在平台上进行筹款。同
时，不少捐赠人会为某个公益项目进行一次性的捐赠。依据"99
公益日"活动的特点，不难看出，其吸引来的捐赠人只是一种类
型。另一方面，腾讯公益将这些具备基础慈善性的公益项目以
"菜单的形式"放在平台上供捐赠人选择，获得"快餐式"的捐
赠体验。这与互联网平台的高效性对接起来，因此也会将这里的
公益项目捆绑成一个特定的类型。

腾讯公益打造的"99公益日"活动筹款平台匹配的资金量、
制造的公益传播热度和最低门槛的准入标准，将可以接受"快餐
式"捐赠体验的公众捐赠人与正值发展起步阶段的小型公益组织
对接起来。与此同时，这也成就了"99公益日"的基础性贡献
效果。

二、腾讯"99公益日"产生的效果

（一）配捐的投入，卷入巨大的公益资金量

从2015—2020年腾讯公益慈善基金会的配捐从0.999 9亿
元到3.999 9亿元人民币，6年来累计17.999 4亿元的投入。腾
讯公益慈善基金会配捐的投入，在每年的9月7—9日三天时间
内带动了更多的公众参与捐赠并增加了社会的总体筹款量。6年
以来，"99公益日"筹款金额从2.28亿元到30.44亿元，实现
10多倍的增长，增加了巨大的公益资金（见图2-3）。

（二）增加公益传播效应，使更多的人参与公益

"99公益日"为公益圈带来的不仅有真实的资金，还通过出

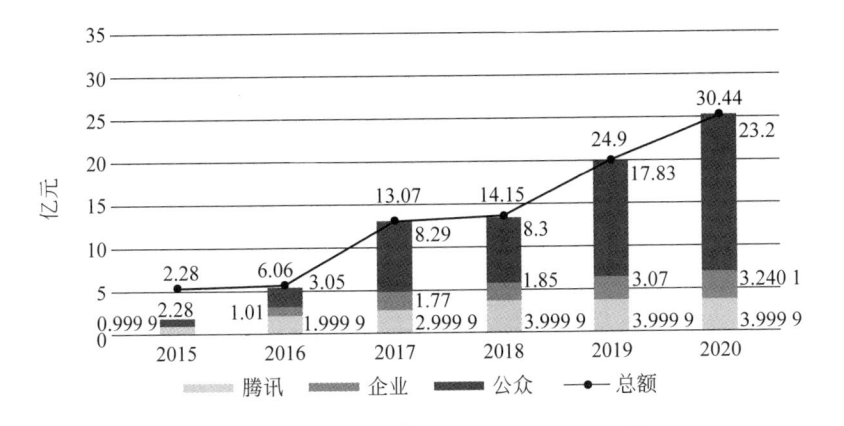

图 2-3　2015—2020 年 "99 公益日" 期间筹款情况

数据来源：2015 年数据来自于《"99 公益日"：205 万人共创 "指尖公益" 记录》；2016 年数据来自于《"99 公益日" 3 天善款破 6 亿 677 万人次网民共创新纪录》；2017 年数据《复盘 2017 年 "99 公益日"：公众捐款 8.299 亿元，首次超过配捐总额，教育助学项目获捐最多》；2018 年数据 "腾讯公益平台显示数据"；2019 年数据 "腾讯公益平台显示数据"；2020 年数据 "腾讯公益平台显示数据"

让媒体资源、更新每年的活动规则等促使公益组织 "破圈"，从而吸引更多的公众参与捐赠，引发公众对公益事业的关注和参与热情。

"99 公益日" 开设的前两年，腾讯慈善公益基金会已在地铁、机场等公共场所联合数位明星对 "99 公益日" 活动进行宣传，倡导更多的公众参与。从 2017 年开始，"99 公益日" 活动规则针对公益组织设立 "传播专项激励" 并鼓励其走向线下，与公众产生直接的互动。由此开始，以腾讯公益基金会为主的公众倡导走向鼓励公益组织参与传播。6 年以来，累计拉动 1.56 亿人次网友参与捐款（见图 2-4）。

对公益慈善组织来说，"99 公益日" 活动的功能不仅是筹款，还可能对其产生更深远影响的公益传播效应。比如北京市企业家环保基金会（SEE 基金会，以下简称 SEE）就是一个典型的代表。SEE 是一家专注于环保行业的公募型基金会。由于环保领域的公益项目投入大、短期收益不明显以及基于中国的现实国

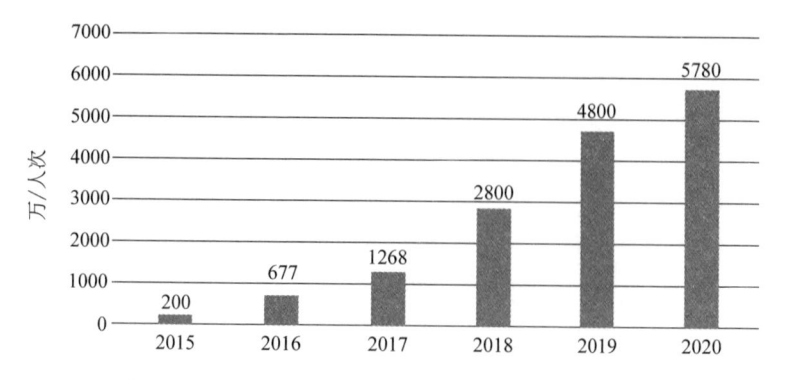

图 2-4　2015—2020 年 "99 公益日" 期间捐赠人次统计

数据来源：2015 年数据来自于《"99 公益日"：205 万人共创 "指尖公益"记录》；2016 年数据来自于《"99 公益日" 3 天善款破 6 亿 677 万人次网民共创新纪录》；2017 年数据《复盘 2017 年 "99 公益日"：公众捐款 8.299 亿元，首次超过配捐总额，教育助学项目获捐最多》；2018 年数据 "腾讯公益平台显示数据"；2019 年数据 "腾讯公益平台显示数据"；2020 年数据 "腾讯公益平台显示数据"

情而言，相比较教育、医疗领域，环保领域的项目筹款更加困难。SEE 成立初期，资金来源主要依靠企业家的捐助。从 2015 年开始参加腾讯 "99 公益日"，筹资渠道得到了扩展，资金量攀升。更重要的是，借助 "99 公益日" 平台的传播效应，与公众进行互动可以吸引大量人员参与（见图 2-5）。

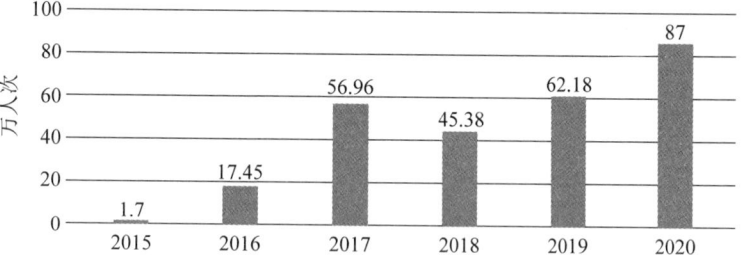

图 2-5　2015—2020 年 "99 公益日" SEE 捐赠人次统计

数据来源：SEE 基金会官方网站及微信公众号。

SEE 带动参与人次的主要做法是，借助 "99 公益日" 整合企业家会员的资源，带动员工和消费者的参与，辐射更多的人群。比如 2018 年腾讯"99 公益日"期间，黑龙江地区的某涂料企业就借助企业原有在社区的微信群，转发 SEE 的公益环保项目，能触达到社区的每一位居民，确实是通过企业的宣传和带动，增加了知晓度与传播效应。（访谈 SEE 项目负责人 P）

（三）小微公益组织的第一杯羹

如上文提到的，腾讯公益抱着非常开放的姿态，以低门槛的标准欢迎公益组织参与"99 公益日"活动。公益组织常见的筹款渠道有：政府购买，企业、资助型基金会和公众筹款。对小微公益组织（多指成立时间为 3 年内的处于起步阶段的公益组织）而言，面对信息不对称、专业程度不足和人力资源不充沛的情况下，凭借其一己之力，从零为起点的筹款工作是非常费时费力的。不仅如此，多数资助方对于被资助方要求高、限定性强，从而使很多初级发展期的公益组织起步显得非常艰难。在这种情况下，"99 公益日"带来的资源成为他们得以生存和发展的"第一杯羹"。下面以 F 基金会的品牌项目为例作阐释。

案例：F 基金会开设项目为解决小微公益组织的生存问题

2008 年汶川地震"公益元年"的开启，点燃了全民参与公益事业的热情，各种类型的民间志愿团体、志愿服务队伍以及正式登记注册为法人的社会组织大量产生出来。而一些发源于民间的小微社会组织受限于公募资质和筹款渠道而不具备面向社会筹款的政策合法性和能力，另外，因其属于起步阶段，面临无品牌积累而缺乏社会认可度等困境，生存状况举步维艰。基于此客观现状，F 基金会作为一家大型公募基金会，结合基金会的使命定位，努力探寻解决方案。

为此，F 基金会开设联合劝募类型的项目，以低门槛的选拔标准向民间公益机构开放，为其提供发展所需的支持。F 基金会为参与进来的公益机构募集资金用于项目运作。在当时政府购买还未发展起来的时期，对于小微公益组织来说，F 基金会的资助犹如"第一杯羹",使他们得以生存,并迎来走向发展的希望。F基金会的作用好比是旱季的雨露,小微公益组织好比是一粒种子,急需滋润以度过这段难熬的旱季。

早在"99公益日"正式推出之前,F基金会已与腾讯公益平台开始了小范围的合作尝试。与此同时,F基金会将之前的联合劝募类型项目进行升级迭代,但仍保持项目的初心和使命,即以筹款为核心为小微公益组织提供支持。伴随"99公益日"活动的问世,迭代后的项目为小微公益组织与互联网募捐平台架起了一座桥梁,尽力为伙伴机构顺利参与"99公益日"提供多方面支持。具体包括四个方面:首先是在基金会层面分享公募资格、公信力、信用等;其次是组织规模不一的专题培训,协助小微公益组织理解和把握"99公益日"每年变动的规则、宣讲和解读基金会的配套政策以及共同讨论筹款策略等;再者,协助其准备上线项目的文案,优化项目预算和执行方案等;此外,匹配一定的非限定资金来支持伙伴机构。

腾讯公益打造的"99公益日"募捐平台带动的资金和非资金资源对公益领域发展的推动作用宛如一剂强心针。对种子期小微公益组织来说,更像是抓住一根"救命稻草"。当然,创造这些贡献的同时也会产生一些局限性,如平台本身无法很好地顾及公益专业性等。即使如此,我们需要认清一家平台是无法做到面面俱到的现实情况,更要坚定地认可其贡献。

第三章　社会化规则的建构

　　互联网公开募捐信息平台除了在吸引巨大的社会资金和关注度方面的贡献之外，也建构了一个广泛参与的社会公共领域，人们在这个公共领域学习如何参与、沟通协商，学会在公共领域尊重规则、协商对话。因此，互联网募捐平台在其下端具有重要的构建社会规则意识与契约精神的作用。在这个维度上，仍然是腾讯"99公益日"日益呈现出很强的特征，让我们看到一个多方参与的、带有资源分配诉求的公益场域，以及各个利益相关方是如何进行互动的。

　　腾讯公益设计的"99公益日"筹款活动在筹款量和捐赠人次等方面以骄人的成绩领

跑，同时，这也是第一次由社会力量主导社会化规则的构建过程。在资源分配过程中，腾讯作为社会主体，制定并带领参与者适应规则。这里的"规则"有两层含义，表面是指"99公益日"的"游戏规则"；更深一层，也是面对集体利益的分配，以契约精神为核心，让公众逐步认识和适应规则的过程。截至2020年，"99公益日"走过了6个年头，虽然还存在着一些未被解决的冲突地带，但是，如果从多角度观察其成长，会看到其自身的合理性和积极向好发展的努力。

一、"99公益日"中的规则体系和破坏情形

（一）"99公益日"中的规则浮现

在上一章节中我们可以看到，在"99公益日"三天的时间内，数十亿实打实的资金（2020年达到30.44亿元）注入到公益慈善行业，引爆了中国公益圈，特别给先前对本次活动是否实打实配捐的"观望者"打了一剂强心针，吸引了越来越多的公益组织参与到这场资源分配的盛宴。大体量的资金能够吸引来众多公益组织的参与，还得益于这笔资源的"无标签性"：即是通过配捐的方式分配给公益组织，大家可以自由争取。将此场景放在公共管理体系中，从理论出发进行预判：这将是一个十分艰难的资源分配过程，堪称最具难度的公共管理情形。

"99公益日"这样的资源分配方式为"哄抢"埋下了风险，在"99公益日"活动的头两年中，这种现象尤为突出。在这种情况下，社会各界都展现出对规则的呼唤。可是在规则成型的初期，抱怨声却不断出现。这份规则是针对资源分配形成的，旨在约束资源分配过程中的"哄抢"或不公正感，实现一个有秩序的资源筹集和分配过程，最终在捐赠人—公益组织—互联网募捐平台三者之间形成一个有序选择的过程。但此过程十分波折，这样的波折仍将持续。

有规则不代表没有违背规则的现象，何况腾讯公益平台的资

源配置规则仍处于发展和完善阶段。腾讯公益尝试以各种形式引导参与者进入规则轨道，但这个过程仍然是较为艰难的，6 年的发展中，"哄抢"的状态一直都在持续，各种抱怨也都存在着。

（二）至今仍存在的哄抢现象

"哄抢"源于企业广告效应的消费行为，没想到竟然渗透到"99 公益日"活动中。常见的有两种情况，一是利用自有资源或借款进行套捐，二是借助工具进行机器刷单。主要是"先捐先配，配完为止"这一条规则，在活动期间从每天配捐开始的那刻起，公益慈善组织及其后援团就迅速涌入配捐系统，哄抢配捐资金。"99 公益日"活动的前三届，每日配捐额在数 10 分钟内分配完毕，直到第四届活动的第二天，配捐时长才被拉长至 9.5 小时。虽然发起方希望公益组织借助这个活动去做社会化的动员，但从整个过程来看这是一个资源哄抢的过程。

1. 套捐行为

"99 公益日"活动催生出的"套捐"行为主要呈现出以下几种形式。一是"拆单套捐"，公益慈善组织与大额捐赠人协商，化整为零分发给"志愿者"或捐给指定项目。在 2016 年 9 月间，公益慈善行业出现了一个新名词："捐款志愿者"——他们在"99 公益日"中充当水军，"刷单"造人气，以期为公益慈善组织套取更多的配捐金额。二是"挪款套捐"，公益慈善组织拿出机构账上的资金分发给"志愿者"分批捐赠，事后再平账。如 2016 年，规则设定了每人每天 999 元的限额。公益慈善组织找若干"捐款志愿者"组成微信群，从组织的现金流中支取资金向每位成员分发 2997 元，要求他们定时定量捐赠。三是借款套捐，借款套捐涉及的情况有：机构要求员工贷款或者借钱、机构负责人自掏腰包或者贷款、机构从银行贷款等方式拿到钱来作为套捐资金池。其中，某大病儿童救助机构动员患儿家长通过借钱或将自家治病的钱捐给此机构以套取配捐；之后再通过相对"宽松"的报销方式，将一部分钱返还给家长。此过程中必定涉及财务造假问题。[①]

2. 刷单行为

"套捐"行为在大多数"坚守底线、老实本分"的公益慈善组织看来是不体面的筹款行为,而"机器刷单"行为更是触碰了底线。2017 年"99 公益日"活动期间,腾讯公益平台接到部分用户关于一些公益项目在"99 公益日"配捐时段出现疑似"刷单"行为的举报。根据腾讯公益测算[②],在常规情况下,一个普通用户完成一次捐赠用时 15 秒,一分钟可完成 4 次捐赠,若有用户在一分钟之内捐款超过 5 次,极有可能是使用了"刷单机器人"。而 2017 年腾讯披露的数据中显示,有 2.5 万个异常账户通过 20 多万笔捐款,捐出了 700 多万,套捐 370 多万。

(三)普遍化的抱怨

6 年中,"99 公益日"的规则在不断发展和完善,其中,"如何配捐"和"配捐多少"也随之动态变化,这是参与筹款的公益组织最关心的内容。无论规则怎样变化,哄抢现象仍然存在,从而引起众多恪守道德底线的公益慈善组织的不满。另一方面,社会动员能力强的公益慈善组织在"99 公益日"的筹款表现相对突出,往往这类组织本身的能力较强且资源多,导致"马太效应"的产生。抱怨声既来自能力相对弱小的组织,亦来自众多恪守底线的组织,形成普遍化的抱怨。具体表现为以下两个方面:

1. 实际可获得的资源越来越少

虽然"99 公益日"的规模和影响力日益扩大,但是有很多公益组织会因其在"99 公益日"分配到的资源越来越少而抱怨。这里的资源主要指两个方面,一是配捐,二是流量。

首先从获得配捐额来看,主要是因为腾讯配捐比例的下降引

---

① 黎宇琳."马太效应"加剧!4 家机构拿走"99 公益日"筹款日总筹款三分之一.公益资本论(公众号),2020-09-14.

② 腾讯公益平台关于"99 公益日"期间捐赠合规性核查结果的说明,腾讯公益伙伴,2017-10-11.

起不满。腾讯配捐金额在 2015—2018 年间由 0.999 9 亿元增加到 3.999 9 亿元并保持平稳。配捐金额看似涨势喜人，但是其配捐比例却从 1∶1 变成了 1∶X，而这个"X"是随机的。同时现实情况也证明，很多组织拿到的配捐比例是远远小于"1"的。以具体个案为例：

F 公益组织是做儿童服务的民间草根组织，注册身份是社会团体，在 2017 年第三次参与"99 公益日"时以失败告终。其原定目标为 92 万，但实际的配捐金额不足 25 000 元。而前两年的配捐金额都在 10 万以上。这样的情况不是个例，T 基金会在 2018 年的三天平均配捐比例约为 1∶0.35，但是在 2017 年却是 1∶0.38。有些组织抱怨道，有人捐了 20 多元才拿到了 0.22 元的配捐，配捐比例大概是 1∶0.01，而且还有很多人未能获得随机配捐。这样的配捐方式让许多公益慈善组织直呼"太坑"。

从流量来看，许多公益组织因拿不到或被分配的流量较少而产生不满。这里的流量主要指公众捐赠人。首先，腾讯公益平台是互联网募捐平台，天生带有互联网属性，非常看重流量的价值。若腾讯平台对在此筹款的公益慈善组织有流量上的倾斜，会带动更多的人关注，产生积极的传播作用，进而能筹得更多的款项。但是腾讯平台的流量有限，随着入驻的公益慈善组织/项目越来越多，有些参与者自然无法拿到满意的流量资源。

2."马太效应"加重其不公平感

自古我们就受"不患寡而患不均"的思想影响，而"马太效应"的出现使得腾讯公益平台上的资源分配不均衡，让许多公益慈善组织产生不公正感。"马太效应"主要是指强者愈强，弱者愈弱的两极分化的现象。在腾讯公益平台发展的前几年，就有人指出"腾讯公益的操作过程中明显出现了'马太效应'，富者可以在动车票上打广告，穷者只有反复'杀熟'。虽然同样都在做公益，却显然阶层分明"①。

回顾历年"99 公益日"的筹款数据不难发现，资源大都集中在了排名靠前的大机构中。在 2018 年，前 10 的筹款额达到了总筹款额的 43.8％；在 2019 年，约为 43％。② 在 2020 年，这个数字超过了 50％，而排名前四的机构，配捐总额占比达 39％。这个数字着实惊人，有能力的大机构借助平台在"99 公益日"如鱼得水，而有些小机构为了获得配捐，彻夜努力却步履维艰。因此有些组织抱怨道：想要获得奖励，首先要筹到一定数额，很多能拿到奖励的组织自身资源相对充沛；所以，拿到的奖励对其发挥的价值不高，而需要这些奖励的组织反而没有办法拿到。

3. "套捐"现象屡禁不止，破坏行业

除了以上几种情形外，套捐、刷单违规操作也在不断踩踏公益道德底线。有些恪守底线的公益慈善组织会不自觉地把错误归为腾讯公益平台监管不力等方面的原因，而不是去谴责那些钻空子或破坏规则的组织。类似的谴责声音自"99 公益日"活动发展以来就持续存在，即使随着规则的不断完善，"套捐"现象有所控制，也并没有因此而减少抱怨的声音。

不难看出，普遍抱怨的声音来自于资源分配不均，公益组织作为参与者，将腾讯公益平台的角色认定为政府。如：在参与的规范性方面，认为腾讯公益有责任阻止不正当行为的产生，甚至应对这类行为进行监管和惩罚；在资源分配方面，腾讯公益有权利和义务保证资源分配的相对公平性。相对公平主要是指，首先要保证资源能够覆盖每一个参与者，同时又要避免"马太效应"，即资源向规模小的组织或日常筹款中难以获得公众捐赠的项目上倾斜，确保每一位参与者都能在此获得相对"满意"的资源量。

---

① "99 公益日"：公益人有话讲 | 公益反思专栏（郑斌，福建省简单助学公益协会执行会长）. 公益慈善周刊，2017-09-12.
② 黎宇琳. "马太效应"加剧！4 家机构拿走"99 公益日"筹款日总筹款三分之一. 公益资本论（公众号），2020-09-14.

二、现象背后的三个模型分析

2015 年首个 "99 公益日" 开始以来，资源的分配规则实现了从 0 到 1 的飞跃。规则在发展和完善的过程中，利益相关方对规则的回应和产生的互动可以概括为三种形式：

（一）"哄抢" 模型

"哄抢" 是一个让人很容易产生画面感的词语，即聚集起来无序地争抢资源，场面十分混乱。哄抢局面的出现主要依赖三个关键点：低准入门槛，极具诱惑力的 "无主" 资源，开放宽松的分配规则。

极具诱惑力的 "无主" 资源＋低准入门槛＋开放宽松的分配规则＝哄抢现象

"低准入门槛" 意味着会有众多参与者有资格入场。20 家互联网公开募捐信息平台中，腾讯公益对于参与者的要求门槛最低。参与的公益组织只需满足 "在中国大陆依法登记且登记证书有效期半年以上" 便可入驻平台。

"极具诱惑力的无主资源" 是指资源量巨大且极具诱惑力；这里的资源被认为是 "无标签性" 的，即腾讯公益带来的资金是 "自由" 地降落在社会领域，而非特定地降落到谁家的 "院子" 中。同时，腾讯公益自己出让的配捐资金，从 0.99 亿元到 3.99 亿元，对于长期处于干涸状态的公益组织来说，诱惑力毋庸置疑。

"开放宽松的分配规则" 主要是指没有明确的和指向性的分配规则。在 "99 公益日" 初期表现尤为明显。2015 年 "99 公益日" 横空出世，腾讯公益自掏腰包，拿出 0.99 亿元启动了这个规模最大的互联网公众筹款活动。这 0.99 亿元按 1∶1 的比例进行配捐，即网友捐出一份善款，腾讯公益也将帮网友捐出等额的善款。"1∶1 的配捐" 是这个阶段主要的资源分配规则；现实情况中，这被参与者看作是激励机制，且激励效果明显。有不少公益组织在 3 天内完成了全年的筹款目标。孰不知腾讯公益提供的配捐额，多数是被公益组织自己"刷"完的。

基于现实情况中的哄抢局面，腾讯公益的"配捐"与其说是 2015 年"99 公益日"的资源分配规则，不如说是腾讯公益捐赠的"工具"。这一年，面对"从天而降"的巨大资源，参与者"头破血流"地哄抢；这与"99 公益日"的初衷"推动公益生态圈的良好运营"有一定的现实差距。所以，经过第一年的尝试，社会各界展现出对"规则"的呼唤。

（二）要求无限公正性模型

要求无限公正性分配资源模型的应用场景是由政府或权威力量对公共资源进行分配。此场景类似于政府通过税收来实现二次分配，或用于公共财政资金支持。这时既需要保证分配过程的有序，又要保证过程中对公正性的要求。在这里，政府主要负责资源分配，是这份资源的主人，与此同时这份资源又需要让整个社会公众受益。"取之于民用之于民"是这份资源的主要特点。保证其分配的公正性主要在于这份资源的特点；注重效率性是这份资源通过公共管理想要达成的重要目标之一。不难看出，这类资源分配的难度恰恰来自于二者之间的张力，使得人们分成左右两派不同的观点。最终，基于这份资源的主要特点，整体来说这里对公正性的要求很高。无限公正性是理论现实，在实际情况中，多表现为希望向弱小组织倾斜，让其多得到一点配额。

公共资源＋政府/权威力量主导分配＝无限公正性的分配结果

腾讯公益在完善分配规则的过程中，逐渐向公众动员能力强、筹款资源丰富、公信力好的公益组织倾斜。进而，筹款能力强的公益组织逐渐脱颖而出，筹款量处于绝对的领先地位，腾讯公益平台上的筹款参与者于是开始分化。这时，有关分配规则公正性的质疑声就出现了，主要来自筹款表现不佳，或实际筹款额远远低于预期的公益慈善组织。这些组织对规则的抨击愈演愈烈，如每年的"99 公益日"结束后，都会听到"照顾强的而非

（弱）小的，强的组织越来越强而（弱）小组织越来越没有生存的空间，长此以往，导致'马太效应'的蔓延"；又或者"公益领域的资源无法保证其公益性"等有失偏颇的看法。

"99公益日"的配比资金来自腾讯公益并非公共资源，而腾讯公益是社会化主体并非政府。腾讯公益在资源分配过程中有较大的自主权，只要遵从公益性即可，无须遵从公共性的规则。即便腾讯公益用善款进行定向捐赠，也是可行的。

实际情况表现为：整个社会公益领域是一个广大的谱系，其中包含多个维度，如从社会问题出发就将受益人分为不同人群，基于此产生不同的公益组织；这些组织的规模、专业性和发展阶段等各不相同。在这些维度所组成的坐标空间中，捐赠人只需要选择其中某一部分就可以，而并不需要覆盖所有的谱系。比如他可以捐赠给这类人群，也可以捐赠给那类人群，可以捐赠给这个地区，也可以捐赠给另外一个地区。他的选择空间极其广泛，主观自由度极高，只要符合公益性原则即可。所以在这种情况下，对资源分配的公正性有要求，但并不需要如此的苛刻；只需要在其选定的范围内来保证公正性即可，而无须要求其选择的范围要弥散化地分布，使所有人都受益。只是腾讯公益设计了"99公益日"，选择"配捐"的分配方式。从某个角度来说，这其实是希望通过创建社会选择模式，将更自由地发挥空间留给公益慈善组织。

（三）契约关系模型

契约关系需要基于社会选择模式得以实现，社会选择模式主要以社会化资源和主体主导类的"市场经济"形态出现，参与者基于契约精神参与"经济活动"，遵循规则并由市场决定资源分配结果。契约关系模型的建立有先决条件：社会选择模式的土壤，公开且明确的参与规则以及遵守规则的契约精神。

社会选择模式＋公开明确的规则＋参与者的契约精神＝契约关系模型

　　"社会选择模式"类似于"市场经济"形态，面向和欢迎参与者入驻，参与者的发展主要依靠自由竞争。发展至今，腾讯公益设计的"99公益日"规则正在勾勒社会选择模式，为公益慈善组织的发展创造土壤环境。首先，腾讯公益自掏腰包，并以低门槛的准入标准欢迎各界公益慈善组织入驻，入驻者越多，平台越有活力。其次，腾讯公益借助互联网技术发挥传播效果，带动更多的资源和公众捐赠人参与进来。并且，腾讯公益制定的规则中，为公众捐赠人—公募型基金会—公益组织三者之间设计了自由选择模式（见图3-1）。在互选的过程中，靠的是各自的能力。理论上来说，无论是公募型基金会还是公益慈善组织，都有提升自己的动因。以此为基础，这三方的相互选择结果交由"市场"决定即可，而非传统的分配模式。

　　公开且明确的参与规则也是社会选择模式得以实现和运行的保障。"99公益日"规则面向全社会统一公示，并且随着近几年不断的迭代，规则内容本身在稳定性、合理性、完善性方面都得到了改善。

　　资源分配规则是一个不断完善的动态过程，规则的公平性和趋于完善的发展需要议事协商规则辅助。社会选择过程中遵守的是公益性规则，即无论是怎样的分配原则和方法，只要在公益性规则范围内即可。虽然不需要追求无限公平性，但仍需要考虑公益性规则中的相对公平性原则。作为规则的制定者，腾讯公益要避免将参与者尤其是其中的小微公益组织作为完全理性的参与者看待；对其发出的"不公平性"声音应予以倾听和重视。因为只有这样，才能促进腾讯公益平台上的三方能够秉承契约精神执行规则。理论上来说，规则趋于完善的发展过程中会经历一个循环过程（见图3-1）。

　　截至2020年，"99公益日"已历经了6个年头，根据其发展趋势来看，基于上述三个模型，可以预测到：在类似的社会化规则构建的历程中，一般会经历以哄抢为主并且伴随着要求无限公正性的模型，之后才会是规则慢慢深入人心，从而进入到社会

图 3-1　规则趋于完善的动态循环

选择模式下的契约关系模型。

三、不同组织的行动选择

虽然哄抢现象和普遍的抱怨声还在，但仍有不少公益组织本着尊重和遵守规则的前提参加筹款日活动。历经 6 年的发展和沉淀，有的公益组织为迎合规则而作出让步，也有的组织渐渐认识到腾讯公益平台的用意，并开始结合组织自身的发展阶段需求思考参与"99 公益日"的意义，选择继续参与或退出。下面就三种情况结合真实案例进行阐述。

（一）迎合规则，作出让步而倍感挫败

在利益分配的过程中，有公益慈善组织在参与中将目光集中于物质利益的得失，而丧失了对于整体格局客观理解的可能性。我们曾观察到类似现象，A 是一家理念坚守型组织，负责"99公益日"的筹款官员对腾讯公益在"企业配捐"方面的规则十分不满。A 认为这项规则需要自己找企业捐赠，不是一件容易达成的事情。通过组织自身的努力找来的企业捐赠放在"99 公益日"活动期间发布，却被腾讯公益重复计算并放在自己的资金池。所以，A 有一种被规则牵着鼻子走的感觉，甚至认为腾讯公益用"虚拟数字"欺骗公众，特别是自己组织在"99 公益日"活动中没有达成预期，所以倍感生气，从而对规则怀有抱怨情绪。

（二）品牌坚守，不因小利触碰规则底线

从 2015—2020 年，经历历届腾讯"99 公益日"活动，行业内一批公益慈善组织已经形成了自己特定的品牌，这些品牌本身就是值得珍惜的价值。比如"新阳光病房学校""抗战老兵""一亿颗梭梭"和"免费午餐"等明星项目，成为公益组织筹款的品牌项目。因而品牌项目的价值更多地表现为：公益慈善组织不会因为小利的诱惑而冒着伤害自己品牌的风险去钻规则的漏洞。例如，SEE借助"99公益日"活动希望能够影响更多的企业家会员和公众来了解和参与环保事业，这才是参与筹款的目标，因此在活动期间重在引导企业家会员理解腾讯配捐降低的原因，随着参与的机构越来越多，项目越来越多是可以理解的，最重要的是要明白参与活动自身的价值和目的，通过腾讯配捐来撬动更多的人和资源参与，而不是带来多少的筹款总额（资料来源：访谈SEE项目负责人P）。最终的目的是能够实现公益组织本身的价值与使命。

同时，SEE能够坚守自身的品牌，实现严格的自律。比如，对参加腾讯平台、支付宝平台和阿里巴巴公益等平台，各家平台的要求是不一样的，但是其自身对项目设计的标准是没有区别对待的，都是严格审核，按照自身内部的要求严格执行，并不会因为平台的要求不同就降低项目设计的标准。（资料来源：访谈SEE一线筹款人员N）所以，对于一些组织来说，一些规则漏洞即便是明显存在，他们也不会去钻空子。这不是道德的坚守，而是利益使然，或者叫作品牌触发的坚守。

（三）理念坚守，宁可退出也不违背自身原则

通过互联网募捐平台进行筹款的公益组织，在相当程度上都会恪守自己的公益理念，某种程度上说，这是触发他们尝试新筹款方式的主要动因之一。因而，他们会内在地执守公益原则；这份执守甚至比外在的规则要求更苛刻。面对当下利益分配出现冲突之时，他们愿意为坚守自己的公益理念而放弃潜在的资源。

首先要明确的是，这类组织并不是认为这份利益不重要，只是认为自身的原则和理念更加重要。例如中国扶贫基金会（以下

简称扶贫基金会），作为第一批参与"99公益日"的公募型基金会，2015年上线项目达1000多个，并取得了不错的筹款成绩。但是在接下来一年的对上线"99公益日"活动项目的管理过程中，扶贫基金会发现如财务管理等形式上的管理工作非常繁重，这牵扯了工作人员大量的精力，却没能把重点精力放在专业能力的提升及打造围绕基金会自身理念的合力上面。扶贫基金会坦言，以"99公益日"为契机，确实发现了不少好的项目，但是以大体量项目上线的方式对基金会的发展来说是存在风险的。所以，为避免可能带来的风险和坚持基金会发展的自身理念，接下来的几届活动，扶贫基金会主动选择大幅减少上线项目；2020年上线项目仅54个。与此同时，扶贫基金会自建募捐平台，开通月捐、次捐等通道。

这三个案例代表的是在腾讯公益平台构建规则过程中与规则互动的另外一种形式，不同于"哄抢"行为，这类组织以尊重规则为首要原则。6年的过程中，他们从参与互联网筹款开始时只是蹭热度、赚点配比的心理，逐渐开始思考和探索真正适合组织自身发展的路径。以案例二和案例三为例，他们根据自身的实际情况开始有了不同的选择和分化。这类组织多为枢纽型组织，大部分已建立自有品牌特色，同时对于自身的发展方向相对明确。在腾讯公益平台中，他们通过与非公募公益慈善组织分享公募资格，在筛选公益慈善项目和联合上下游利益相关方动员社会力量中发挥重要作用，扮演着中流砥柱的角色。因此，他们在"99公益日"的行为正是规则被尊重的体现。

案例一表现出迎合规则并从中获得了一些利益，但内心很痛苦，甚至也加入到对规则的攻击中。但这与理念的坚守并不矛盾。案例一中的公益组织A的内心痛苦主要来自于"被规则牵着鼻子走"的自我感受，但这种感受与现实情况并不相符：企业配捐是"99公益日"活动的策略而非欺骗。A认为组织是被动地去找企业筹资，但若成为一个良性循环运作的组织，多元化的筹款渠道无疑是重要的。换一个角度，企业配捐是从侧面将这个道理传递给公益慈善组织，而且腾讯公益为了激发公益慈善组织积极行动，设置了物质激励原则。其次，企业配捐并非是强制要求，如何选择，交给组织自己去做。所以，若能够对此类型的组织进行适当劝导，相信他们也能够转向对规则尊重的体系上来。

四、规则的艰难建构与乐观的前景

上文提到的"哄抢"和"作假"行为，从下至上发出的"呐喊"是公众对于规则制定的渴望；在规则日趋严密和复杂化以尽量减少或杜绝"哄抢"和"作假"行为的同时，又有人站出来指责其不公正感。这时，规则是最大的"输"家。但同时，其内部出现了令人欣喜的向上力量。事件内部是否存在一种积极性的力量在运作是判断其乐观与否的关键点。令人欣喜的是，"99公益日"活动中确实有几股积极的力量在运作并发挥作用。

（一）向上的力量

腾讯公益平台上承载着多个层级（见图3-2），其中枢纽型组织承担着承上启下的重要作用，这代表他们有承担和行使选择权的责任。以腾讯公益对于上线公益项目的要求为底线，他们承担着选择上线筹款公益项目的责任，即选择下一层级的责任。在符合"99公益日"活动规则的筛选标准下，枢纽型组织可各自制定筛选标准，但在此过程中，他们其实承担着来自公众的压力。根据目前的状况，腾讯公益主要是通过财务审核的方式对平台上的公益项目进行监管，枢纽型组织则需要负责其上线公益项目的财务管理工作。因此，枢纽型组织在筛选上线项目的过程中，是持谨慎态度的。腾讯公益赋予枢纽型组织以自由选择的空间，同时意味着枢纽型组织承担了相当分量的责任（见图3-2）。

其次，枢纽型组织多为大型公募组织，他们本身就是公益行业内的中坚力量，在"99公益日"活动中也显示出引领者的风范。在参与"99公益日"活动过程中，与所有参与者一样，他们解读和运用同一规则，但是不会染指各种乱象，因为他们有自

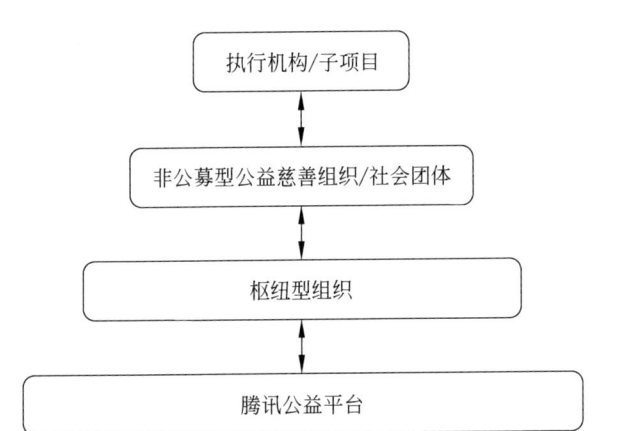

图 3-2　腾讯公益平台承载的层级

己的使命，自己的坚守和自己的品牌。对于他们而言，腾讯公益平台更多是作为一个新的机会和额外的一个筹款渠道。与这个新的筹款渠道对接的方式是以遵守它的规则为前提，并在它的规则体系下设计募捐策略，开展募捐活动。

　　这份向上的力量在腾讯公益平台发挥着不可忽视的作用。第一，枢纽型组织在腾讯公益平台上发挥着重要作用，无论是内在责任驱使还是公众监督的外在压力，都使他们在筛选公益项目和支持公益组织方面持谨慎态度。第二，枢纽型组织多已树立良好的业内品牌，在公益行业有一定的影响力。他们在"99公益日"活动中以坚守理念为先，将此筹款活动嵌入到自身发展战略中来。在参与过程中，不会为眼前的利益破坏规则体系。两者叠加后，可以看出枢纽型组织的引领作用表现在引导大家履行契约精神，在社会选择框架下进入到规则被尊重的体系中来。

　　我们在不同组织的行动选择中看到，已经有越来越多的机构有了明确的品牌坚守和理念坚守。或许一些取巧的组织短时间内能够占据优势，但在多次的筛选过程之中，最终会使得那些坚守的组织逐渐被筛选出来。虽然目前还处于雏形阶段，但发展趋势令我们心怀希望。

（二）共创机制下的规则变动令人乐观

腾讯公益自 2017 年开始引入了对于规则的共创机制，即在每年"99 公益日"规则正式出台之前，都会发布邀请和线上参与的说明，邀请社会公众共同参与规则的制定，并且共同进行规则执行过程中的监管。

这种协商机制的建立，使得在构建规则的过程中，规则发布和描述形式也发生了转变。最开始主要以陈述规则为主，但后期共建型规则和讨论型规则逐渐占据主流，尤其在 2017 年之后。2018 年开始用于讨论监管方式、共创机制的规则大幅度提升；开放了很多社会组织参与到"99 公益日"规则制定中，腾讯公益所构建的协商机制基本成型。

整体而言，腾讯"99 公益日"的规则在多个利益相关方的协同作用下，一直在优化，并积极寻求革新。目前，可以先透过以下 7 点来看：

第一，规则的稳定性在增加。起初，有参与者反映腾讯规则因其连年变化而产生很大争议。但我们应该看到的是，"99 公益日"活动是一次社会资源分配的过程，其规则的重点主要落在"谁能参与"及"如何分配"两个问题。实际中，这两个方面并没有实质性的改动，而只是细分和完善的过程。

（1）参与者的准入门槛逐渐细化，已经不再是粗放的以公益组织或者非公益组织进行划分，而是根据不同的筹款主体和活动情况，按照捐赠的实际使用场景（例如社区开展活动组织可能有未注册但备案的情况）来进行划分。

2017 年的规则发布中，是腾讯公益对于参与门槛和主体划分显著精细化的开端。2017 年的规则发布在 2015 年和 2016 年的经验上作了大幅度的改进，首先规则的发布过程开始固定，发布时间和内容结构都明确下来，而不再采用 2016 年中的多次连续发布的方式，并且对于规则的很多细节漏洞都进行了补充，甚至为了避免歧义还发布了"名词解释"表，基本上完善了所有的细节。

（2）在配捐规则方面的修改。最大的修改是配捐比例由
1∶1调整为1∶X及逐步丰富配捐资源方的过程。此改动从第二
届"99公益日"开始已经定调，接下来是针对"外界的呼声"
进一步完善和丰富的过程，从而使分配规则逐渐形成格局。

第二，规则的公正性在增加。对于规则的不公平感的评价，
大多数都是配比在1∶1的规则阶段发生的，1∶1并不意味绝对
的公平，相反配比的固定值容易给"刷捐赠"留下操作空间，并
限制平台通过技术手段来进行调控。前面提到的哄抢和套捐现象
与配捐比例的设置成正比。

同时，上文提到坚守理念和注重自身品牌的组织，参与"99
公益日"的过程中他们是不会冒风险破坏规则的。已成功树立品
牌和有明确价值理念的组织属于参与者中相对强的组织。如果因
为遵守规则而被不遵守规则的组织挤兑，即强者被弱者竞争下
去，那规则谈何公正性？

所以在2018年公益日中，由腾讯直接对配捐规则进行了调
整，开始引入了配捐企业与项目认领以及企业配捐的规则。即项
目的配捐额度更多来自于项目在上线前已经达成配捐意愿的企业
中。这意味着面对自带"大额捐赠"的参与组织，腾讯公益基金
会配捐资金依然放置在公共池中向所有组织发放，在一定程度上
能够避免刷单捐赠的情况（刷单再多也只能套取公共资金池的资
金）。

第三，更多地获得社会公众的认可。社会公众对于腾讯平台
的运作认可情况，可以分为两个维度。第一是公众作为捐赠主体
的捐赠人次及筹款量的增加；第二则是腾讯自身尝试构建公众参
与平台建设的机制。

第四，知晓度在增加。"99公益日"的知晓度主要通过两个
维度得以体现，即公益行业内和行业外的社会知晓度。首先，上
线参与筹款的公益组织和项目呈总体上升趋势。其次，腾讯公益
通过带动来自企业的资源助力公益行业的发展，扩大"99公益

日"的影响，并且吸引更多的公众参与。发展至今，伴随企业配捐和公众捐赠的增加，其影响力和知晓度都在增加。

第五，操作性更加注重"用户友好"。"99公益日"规则被诟病较多的是规则内容传达的时效性和复杂规则的描述及理解。2015年腾讯公益平台第一次开展"99公益日"活动，在规则制定和运营方面最显著的问题在于消息发布的时间明显滞后，包括活动的参与说明和配捐规则等，均为活动日临近时才进行发布。同时，捐赠活动的具体运作流程陈述不清晰，没有明确的规则指引。在第一天试运行之后，发现了其存在的规则漏洞，又临时修改了规则，从而产生了更多争议。

此后，2016年、2017年中，规则形式从倡议方式转向了对"规则运作方式"的描述，并且吸引了新的主体参与其中。同时，从2017年开始，腾讯公益开始有计划地对规则和运作情况进行公开讨论与复盘。从2018年开始，又建立起长效的规则讨论机制，即"规则提案委员会"与"规则审查委员会"，开始发挥通过公共讨论与说服的作用促进组织有秩序参与到"99公益日"活动中，朝向共商共建的方向进行完善。

并且，腾讯公益通过线下培训和线上答疑的方式为参与者解答疑惑。不乏枢纽型组织会为其申请上线的公益组织举行规则解读培训会，如"儿慈会"每年在规则发布后，为其筛选上线的公益组织提供线下培训会；并且将规则用公益组织易于理解的语言进行讲解，同时配有模板让其使用。大大增强了规则在应用过程中的友好程度。

第六，规则鉴别力的重视程度。从2018年开始，腾讯公益"99公益日"在平台监管方面形成了监管规则，同时在"99公益日"期间对公益组织筹款情况及数据进行重点监管，并在活动结束后采取随机抽查独立审计的手段（筹款金额排名前5的项目直接纳入审计对象范畴）。这些监管规则包括：

- 行业自律公约
- 活动前的项目公示

- 活动中的投诉举报
- 活动后的数据核查
- 随机抽查独立审计
- 网络监管的去重手段

第七，规则的包容性没有降低。上面这六点规则表明，腾讯公益正在将规则变得更加合理，包括在鉴别力方面；但并没有抬高平台的门槛，这意味着包容性的存在使得平台在主体进入并开展募捐的过程中仍然保留了合理的资助运作空间。同时，仍然保留着各相关方自主选择机制，如枢纽型机构的选择机制，公众捐赠人主导的捐赠选择机制。这种选择机制的结果来自于自然形成的淘汰或保留某些行为或者项目，而非仅仅依靠规则的鉴别而对项目进行"一刀切"。

同时，腾讯公益自捐资源的多元性也在努力保证包容性。如腾讯公益每年配捐资金中有一部分不直接体现在 3 天活动的实时捐赠数据中，而是在活动结束后 3～7 个工作日，根据以下三个评判维度进行排名给予对应组织，即公益项目获得来自公众捐赠金额（不含配捐金额）、捐赠人数（同一 ID 三天只算一次）以及带动企业配捐实际额度。一方面是鼓励大家遵守规则；另一方面，对于这部分资金的使用，腾讯公益规定公益慈善组织可以统筹用于组织运营与发展等非限定性方向，增强了资金的灵活性。

（三）腾讯本身追求规则合理变更的努力

"99 公益日"平台卷入的资源巨大，腾讯公益作为分配主体想必承受着来自外界巨大的压力。所以，腾讯公益在以社会选择机制为主导的框架下，一直努力将规则变得更加合理。

第一，从哄抢引向理性。"哄抢"的现象在上文已经描述。近些年哄抢的现象有所缓解，得益于腾讯公益主动作出调整。其中包括：取消项目排名，从而淡化了竞争色彩，以及通过调整后台算法主动干预。

第二，调整 1∶1 配比的规定。1∶1 的配比走向更灵活的配捐规则不仅是规则公正性的调整，而且是为了促进更多的自由捐赠主体在自主选择下的配比机制，这种选择的形成，才是促进腾讯平台规则公正感的长久动力。这种效果，在 2019 年也有所体现，2019 年公益日形成的争议也从讨论规则的合理性变为了讨论捐赠中的选择机制问题。其中包括，企业选择固定的伙伴进行配捐。但在信息对称机制尚未建立的时候，企业的选择更倾向于大型机构和耳熟能详的项目品牌，从而使中小型机构失去了获得支持的机会。

第三，增强公众选择的合理性。"99 公益日"新增线下活动环节，通过匹配线下活动的传播资源，如匹配广告资源，为参与平台的组织提供整齐划一的物料等。主要是试图通过填补公众捐赠人和平台上公益慈善组织之间的互动空缺，增强设计多元化的公益场景；让公众活动更加真实地感受公益项目，了解公益项目，从而在选择捐赠对象时提供更多参考意见，增强公众选择的合理性。

（四）如何看待哄抢现象和抱怨声

质疑声音之所以如此众多，主要是因为参与者未能区分社会力量所建构的规则与政府主导分配模式的本质不同。前者是基于市场运作，目标是实现社会资源高效、最大化程度的运转；而后者则是注重公平性，以实现各个阶层都有所获益。区分两类规则建设者的性质后，才能够看清由社会力量所建立的规则是在尊重参与双方意愿的基础之上，基于契约关系所形成的。

而探讨公正性原则，需要先还原事情的真相。首先，腾讯公益是本次集体利益（资源）分配的社会主体，便决定这并非政府行为，而属于社会行为。社会行为便需要遵从社会选择机制，即由资源提供方来决定如何分配及分配给谁。所以，理论上来说，腾讯公益完全有自主权选择如何资助及资助谁。其次，至于社会主体在多大程度上已经具有了公共性而需要更多地考虑结果公平，则是这里的第二位原则，属于社会自主选择的主导性机制。针对"99 公益日"，只有在判定腾讯公益多大程度上具有公共属性及其捐献和出让的资源中哪些是公共性的基础上，才能更加客观且准确地评判其规则的公平性，以及是否必须走向公平分配原则。所以，为避免出现对于公正性原则偏颇的评判，应先理解"99公益日"的真相。

在这场由腾讯公益构建社会化规则的过程中，希望能够实现从"哄抢"走向基于契约关系的有序选择。但这是一个动态的发展过程，也存在着参与者采用不同的策略与规则互动的现象。伴随着大家对社会化规则的本质有了深入理解，可以看到活动参与者从参与走向与自身发展有机结合（部分）向深入参与的分化，最终将大家向尊重规则的轨道引领。

截至2020年，"99公益日"已经走过了6个年头。但相对于中国公益行业的历程来说，它依然"稚嫩"。"稚嫩"在于它发展的时间不长，还处于探索和实践期。"99公益日"希望通过社会化规则的构建来实现以契约精神为纽带的高效化资源分配，从而促进公益领域的良性发展。现实情景中确实一直存在"哄抢"现象和抱怨声，但更重要的是，能看到以枢纽型组织为代表的规则体系和被尊重的运作体系正在形成。因此，在第一次社会化规则建构的过程中，我们要正确客观地评估消极力量，从而为规则的完善提供现实资料。同时，更要看到现存的向上力量，他们对于社会选择机制下契约关系的建立和稳固有非常重要的意义。

第四章　公益项目的
专业化升级

　　互联网公开募捐信息平台在公益项目专业
性方面也可以有贡献度，即达到前图 1-2 右端
"公益项目的升级＋生态化公益萌生"的效果。
当有些平台侧重于公益项目的专业性和有效性
时，就会形成对公益项目一种正向的牵引力，
促使其不断规范、专业、完善，进而获得平台
的认可。而有一类平台也致力于优中选优，将
优质项目推送到社会公众层面。最终，实现公
益项目的升级，甚至是打造一个良性的公益发
展生态。

　　本章节以阿里巴巴公益平台为例，即不定

期地遴选优质公益项目入驻"公益宝贝计划",搭建商家与公益项目之间的系统化参与路径。阿里巴巴(包括但不限于淘宝、天猫等)商家在上架宝贝时,可自愿参与"公益宝贝计划"并设置一定的捐赠金额或捐赠比例,在宝贝成交之后,商家将捐赠一定数目的金额给指定的公益项目,用于公益事业。消费者在搜索宝贝时,可以选择"公益宝贝"选项进行购买。

与其他平台相比,阿里巴巴公益平台的核心价值之一在于为公益行业遴选公益项目建构了一套专业的鉴别机制,促进整体上线互联网募捐平台的项目朝专业化方向发展,引领公益项目沿着解决社会问题的需求脉络出发,专注于社会问题的解决和行业发展。

一、阿里巴巴公益项目遴选体系

阿里巴巴公益平台是 2016 年民政部指定的第一批互联网公开募捐信息平台之一,原为淘宝公益平台,2018 年经民政部审批同意后正式更名阿里巴巴公益平台。阿里巴巴聚焦于为商家遴选优质的公益项目,为其提供参与公益的直接路径,创建了"公益宝贝计划"。

"公益宝贝"① 是指淘宝网带有 "❤" 标志、天猫网带有 "▦" 标识的宝贝。"公益宝贝计划"发源于 2006 年的爱心宝贝,当时是为不幸患绝症、身处困境但自强不息、感动无数网友的"魔豆宝宝小屋"(卖家周女士)募捐。现在,"公益宝贝计划"已经成为阿里巴巴平台商家直接参与公益的一个平台化产品。

(一)公益宝贝项目资助的类型与入驻标准

为了更好地满足阿里巴巴平台上不同类型用户(商家和消费者)参与公益的需求,阿里巴巴将"公益宝贝计划"划分为"战略合作项目""重点合作项目""联合公益项目"以及"特定商家

---

① "公益宝贝计划"项目入驻及运营规则(2020 年 1 月修订)。

项目"四种公开募捐合作模式,从而为爱心商家负责,为平台商家匹配更为专业、可信、有效的公益项目。

1. 战略合作项目

战略合作项目是指为更精准地挖掘社会问题需求、探索有效的解决策略与回应手法,从阿里巴巴集团整体业务生态企业社会责任出发,由阿里巴巴公益联合内部业务方或优秀公益基金会联合策划并发起的大型公开募捐类公益项目。经阿里巴巴公益完成需求调研和共同策划后,根据资金需求状态开展战略合作。现阶段,战略合作项目由阿里巴巴公益定向发起沟通,暂不支持行业组织的直接申请,且仅支持国内 4A 级及以上公募基金会自主操作的且年度项目执行可达到一定规模的公益项目,可获得"公益宝贝计划"上线募捐的机会。

2. 重点合作项目

重点合作项目是指由公募基金会向阿里巴巴公益平台申请的品牌项目或专项基金(仅限发起方不具备独立法人资质)。重点合作项目必须接受阿里巴巴平台尽职调查、中期评估和专项审计,且项目应具备至少三年有效运作经验,在合作期间项目主体应对项目进行独立财务核算、财务信息披露和品牌联合传播。该类项目入驻流程如下(见图 4-1):

图 4-1 "公益宝贝"重点合作项目入驻流程

重点合作项目经审核通过后,可在目标类募捐模式下获得平台面向全网商家的推荐展示,并可根据合作期间的运营状况于下一年度申请重复上线。

3. 联合公益项目

联合公益项目指由"公益宝贝"联合公益委员会成员向阿里巴巴平台推荐、由其联合发起并管理,且由非公募合作机构(具备独立法人资质）执行的公开募捐类项目。联合公益项目由委员会成员进行定向邀约、组织评审、委托尽调、协调中期评估及管理项目执行、反馈和结项审核。委员会成员公募基金会将分别对联合公益项目伙伴提供平台沟通协调、业务辅导、监督管理等综合性支持。委员会成员公募基金会推荐的联合公益项目经阿里巴巴公益平台审核通过、并经委托尽职调查后给予上线支持，可获得目标类募捐模式下全网商家的推荐。

4. 特定商家项目

特定商家项目指仅支持阿里巴巴平台商家主动向平台提出的指定宝贝定向支持的需求。在商家确认捐赠目标后，平台将针对项目合规性、公益性等基础原则进行前置审查，通过后即可面向合作商家定向开放展示。

（二）四类公益项目的评选标准与专业性层级

目前公益平台上入驻的 4 类公益项目，在专业性上逐渐呈现一定的梯度与方向引领。

1. 战略项目注重专业性与影响力

战略性合作项目是由平台定向邀请进行商谈后签约长期性的合作项目，主要为项目体量大、资金量大、周期性长且聚焦于某一类具有针对性社会问题的项目，也是在公益行业内具有影响力和代表性的项目，资助总量占到 50% 以上。

2. 重点合作项目采用联合评审，注重项目专业化筛选

重点合作项目面向所有的公募基金会开放，采用联合评审方式进行，一般由第三方评估团队的项目和财务外部专家、阿里内部法务专家和公益委员会的人员共同组成 5～7 人的专家评审委员会。每个项目进行系统陈述汇报和专家提问，然后专家再进行内部讨论投票，最后才能确认项目评审情况，评审非常严格认真，能够通过的项目都是领域内专业性比较强的项目。该类项目的资金量通常在每年 100 万～500 万元。

3. 联合公益注重项目合规性和专业性，重在支持行业发展

联合公益主要是由联合公益委员会成员公募基金会进行评审

推荐，面向所有的公益组织。该类项目要求执行机构在平台筹款占项目资金量的 50％ 以内，并对总体年度资金量有一定要求，对公益组织自身的执行力要求比较高。

基金会组织评审主要分为内部评审和尽职调查，确认通过后上报阿里巴巴公益平台，由阿里巴巴公益平台聘请专业第三方进行财务预算审核；审核后，阿里巴巴内部根据项目的风险性拥有一票否决权。联合公益项目投入的时间和精力最多，项目数量多，资金量相对较少。

4. 特定商家项目满足个性化捐赠服务需求，注重商家的参与感

该类项目主要是商家与公益组织合作的特定项目，由平台对项目的公益性和规范性进行把关，留有较大的自主运作空间给商家与公益组织进行合作，吸引商家对公益项目的深度参与及体验服务，是一种定制化的捐赠人服务。这类项目一般较少。

二、平台项目管理的专业导向

阿里巴巴公益平台的"公益宝贝"是行业里非常优质的资助型项目，它的资助导向是专业优质。资助并不是纯粹地给钱，而是实现其价值，这个价值就是专业导向。阿里巴巴的资助策略让专业性在公益行业里面发挥更大作用，这是一种非常重要的社会价值。

（一）平台管理的具体做法

1. 项目评审与财务评审

以联合公益项目评审为例，其项目数量主要是由公募基金会组织评审推荐，其评审指标主要由项目和财务两部分构成。项目方面，由每家基金会根据自身的特点制定相应的项目评审指标，要求行业内的实践专家、研究型专家等组成评审委员会进行评审，对项目的专业性严格把关，主要注重项目解决问题的能力。财务方面，需符合法律法规与平台的财务制度的要求和规定。

2. 前期项目严格把控，后期运作具有灵活性

阿里巴巴公益平台上线项目在前端的项目和财务审核都非常

严格，在行业内称为最严格的评审。在项目执行进程中，允许公益机构根据实际筹款金额、采购花费等实际情况申请执行计划或周期的调整。

（二）平台项目管理的专业化特质

1. 优中选优、追求少而精

阿里巴巴公益平台秉承着优中选优的原则，不在于选取数量多的项目，而是遵循少而精的原则，给平台上的商家选择行业内最为优质的公益项目，做好把关工作，给商家和消费者更好的公益体验。平台需要为阿里巴巴上众多商家和消费者负责，更多的时候平台是商家委托的代言人，需要平台保证项目的公益性、规范性、合理性和专业性，以确保商家能够参与到专业、有效和可信的公益项目中。

其中，平台遴选的项目类别侧重于社会问题类型，并明确指出偏活动类、评奖类、偏社会冲突治理类等难以呈现直接效果的项目，一般不资助。

2. 项目评审以专业性为最重要维度

在项目立项评审过程之中，整个评委都是以项目本身的专业化程度作为最重要的考核内容，贯穿各个方面，具体包括：项目的社会价值、所针对的社会问题瞄准程度、项目逻辑框架是否形成闭环（投入—活动—产出—效果）、项目模式的系统化和成熟程度、项目所涉及领域及非营利管理的专业技术、项目团队专业化执行和落地能力等。评委在评审过程之中，也侧重于对项目模式的专业化程度进行提问与对话，这与依靠"眼泪指数"、通过感人的故事等打动人的方式明显不同，而是通过专业化的评审机制上升到逻辑、科学和理性的层面上进行对话。

3. 财务管理支持项目运作而不是阻碍

在合法合规的基础上，机构有充分的合理管理空间。入驻平台项目除去法律规定行政管理费用严格要求外，其余费用可以根据项目的实际执行成本进行合理预算，能够保证其预算的合理性和项目执行效果的有效性，根据项目合法性和合理性给予一定灵活调整的空间。

三、归总：平台实现项目专业化标杆的影响带动

阿里巴巴公益平台"公益宝贝"经过多年的打造，已经成为公益行业内打造专业化、规范化项目的标杆。以联合公益项目为例，其属于除特定商家项目之外门槛最低的项目，即使是这样，对于申报的公益组织来说，也是经历了层层选拔和多轮考核，被誉为行业内申请难度系数最高的项目。其中，有一些项目经历多次申请也未必成功，评审过程之中也经常出现大多数项目均被淘汰的情况。即使是这样，公益组织们还是前仆后继，积极争取机会入围。其原因有二，一是一旦申请成功，入驻平台后将带来大额的项目捐赠资助，筹款效果非常好；二是该申请已经成为行业内公益项目规范性和专业性的标杆，获得"公益宝贝"项目资格意味着项目本身的专业化和规范化水平处于相对高的水平。

这样专业化标杆的确立在于阿里巴巴公益平台本身是以专业化导向来遴选和管理项目的。阿里巴巴公益平台根据项目的类别划分为战略合作项目、重点合作项目、联合公益项目和特定商家项目四类，并采用不同的遴选标准和评审方式，这种方式能够有效地鉴别出项目的专业性与技术难度，以保证项目执行的专业性。阿里巴巴公益平台根据四类项目采取不同的评审方式，整体上注重项目的专业性和格局的把控，同时留有一定的灵活调整空间，对公益组织和行业的整体发展都能够起到促进作用。

总体而言，阿里巴巴公益平台除了在公益筹款资金量上的贡献外，最突出核心价值点在于能够建立一套公益项目的专业遴选机制，从而促进公益项目升级，更加追求项目的专业属性，朝专业解决社会问题能力的方向发展。当然需要特别说明的是，案例中的平台运营策略，仅是基于 2020 年及之前的平台运营规范。未来阿里巴巴公益将会着手进行议题项目的孵化，更深层地挖掘优秀项目，并在项目的专业化升级上进一步深化。

第五章 从促进公众参与到培育理性捐赠人

一、概述：理性捐赠与互联网筹款的结合

（一）培育理性捐赠人是实现捐赠转换的重要方式

在中国，如何培养理性、可持续的公众捐赠人，一直是公益领域共同的目标方向。越来越多的公益组织开始动员公众参与到其项目中，并以此拉近捐赠人和公益项目之间的距离。在捐赠人参与到项目的过程中，激发捐赠人对于项目的深度观察和评价，向捐赠人传递项目设计的理念，培育更加具备识别项目能力的理性捐赠人。而互联网平台在捐赠人这一端

也有着非常重要的作用，可以将公众拉入到公益项目的面前，形成从公众到理性捐赠人的转化，这种转化不仅仅是提升筹款资金量的价值，还意味着捐赠人可能因其理性选择的过程，成为公益目标的关注者和持续参与者。

为了能够呈现这种模式，我们选取由上海联劝公益基金会（简称"联劝基金会"）发起的联劝网公开募捐信息平台作为案例，展示从联劝基金会到联劝网一系列的理性捐赠培育的过程。

联劝网于 2015 年 5 月正式上线，2016 年 8 月获得民政部的资质认定。联劝网（也称"联劝"）是一个开放的互联网募公开捐平台，为所有具有公募资质的公益组织提供服务。作为国内少有的由公益基金会发起的互联网募捐平台，其关注点和运作方式也体现出与其他平台的显著差异，尤其在平台的运作深度方面。从目前来看，联劝基金会和联劝网平台共同致力于理性捐赠人的培育，整个培育过程关注的核心议题是：

（1）理性捐赠的培育模式是什么？

（2）理性捐赠的实现如何从线下走向线上？

为了探讨这两个核心议题，我们在此需要梳理从公众参与到培育理性捐赠人的内在逻辑，并在此基础上思考联劝网作为互联网募捐平台在现实中发挥了何种作用。

（二）联劝网平台的定位为何与众不同？

有别于其他互联网公开募捐信息平台，联劝网平台为自己设计了新的特性，强调自身的定位不仅仅是一个资金筹集平台，而是促进和培育理性捐赠的"线上＋线下"相结合的平台，这与其他平台的定位大不相同，如何理解这种定位？联劝网平台将其做了以下划分：

（1）捐赠工具的多样化：依托于信息技术与数据共享，联劝网平台不仅致力于为公益组织的各类线下筹款活动提供线上支持，包括活动报名、筹款工具、资金通道以及策划咨询等服务，也为公益组织提供非定向捐赠平台，包括月捐、集体捐赠等多种方式，支持公益组织的可持续发展。

（2）线上线下相结合建立捐赠联系：联劝网鼓励公益组织通过发起线下筹款活动与捐赠人传递信任，建立理性捐赠人核心群体，促进慈善组织长期、稳定的发展。

（3）公益捐赠信息的深度发掘：在确保个人信息安全的前提下，联劝网与公益组织共享捐赠人信息与数据，推动互联网公益生态发展。

（三）实现理性捐赠的主要挑战是什么？

目前公益捐赠活动的参与场景可以被分为以线下公众活动为主和以线上募捐平台为主的场景，这两个场景的差异性较大且各有短板。其中，线上场景则因为无法向捐赠人提供对于项目的直观感受，经常被认为不适宜出现在促进捐赠人参与和培育理性捐赠人的过程中。

事实上，捐赠的过程与结果（捐赠资金量），正在快速从线下的场景向线上的场景转移。既然动员公众参与和培育理性捐赠人是公益组织筹款所要达成的长期目标，那么要求公益行业更加认真地去审视线上场景的作用，无论是作为补充还是外延，线上场景最终也要承担大量理性捐赠人的培育功能。

联劝网平台承载了联劝"线上＋线下"筹款体系构建的愿景。如何在线上捐赠场景中寻找与线下过渡的方法？如何让捐赠人能够在线上的场景中依然保持理性？联劝网平台的做法能够给行业带来何种启发？我们将会在下文中详细展开。

二、从公益参与者到理性捐赠人要经历的阶段

联劝网平台的捐赠人参与活动始于 2011 年的"一个鸡蛋的暴走"。从项目的设计开始，联劝网平台就将公众作为项目的一个环节考虑到其中，从而发展出促进公众从参与者到理性捐赠人过程的四个阶段（见图 5-1）。

（一）公众与项目的相遇

"一个鸡蛋的暴走"项目，是这种相遇的典型方式。作为国

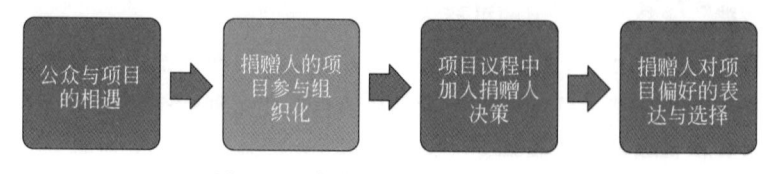

图 5-1　理性捐赠人培育的四个阶段

内首个大规模的公益徒步筹款活动，联劝基金会以一种相当直观和容易理解的方式，邀请公众报名参与活动。

"如果我成功挑战 50 公里徒步，你是否愿意为贫困山区的孩子们捐钱，让他们每天吃上一个鸡蛋？"这获得了意外热烈的回应，联劝基金会通过微博等方式筹集到了近 9 万个鸡蛋，用于支持"一个鸡蛋"项目（2010 年首次活动的说明）。

在简单有趣的参与方式之上，更重要的是，公众开始意识到参与公益活动并非如想象中的高高在上，而是如同朋友聚会一般，通过活动的方式即可轻松完成。对于公益组织来说，来自民间的公益活力可以通过更加接地气的方式发声，这促成了社会公众与公益项目轻松、低门槛的相遇。

2011 年 10 月，联劝基金会正式发起"一个鸡蛋的暴走"活动，并于 2012 年发展为平台型筹款活动，不仅支持鸡蛋项目，也为联劝"U 积木计划"及"U 泉计划"筹款，支持儿童营养健康、教育发展、安全保护、社会融合四个领域的公益项目，但保留不变的依然是 50 公里徒步走的公众参与方式，吸引了大量的家庭、社区、公司以达成健康和聚会的目的来报名参加。

（二）捐赠人的项目参与和组织化

在项目开始执行之后，公益组织需要实时进行风险的识别和管理，保证项目能够达成目标，这一过程也被称为项目监测，包括日常沟通和观察、项目报告及相关书面资料、项目探访、审计等。在大多数公益组织中，这些工作将会完全归属于项目团队自行执行。但联劝基金会改进了这种做法，在对项目部门的工作再进行拆解梳理之后，尝试给予捐赠人更多元参与公益的渠道。

例如在项目探访环节，每次项目实地的访谈，包括新资助前的机构考察、资助过程中的项目探访、项目结项后的评估探访等，都会邀请捐赠人共同参与。以 2016 年为例，项目部共邀请捐赠人 41 次机构探访，覆盖 11 个省市。

但是在项目过程中将捐赠人卷入并非一件容易的事情，这对项目团队自身的工作提出了新的挑战。除了要在工作流程上留出必要的环节和入口供捐赠人参与，同时也要面对一个问题，即如何能确保捐赠人的参与不是喧宾夺主和无秩序的？

联劝基金会的做法是让捐赠人的参与组织化运作，通过不定期组织各种大小型捐赠人专属活动，使得参与活动的捐赠人能够建立起基本的社会联系，即先让捐赠人彼此熟悉起来，进而形成一个联劝捐赠人团队的概念，让大家能够在这个相对非正式的组织中理解自己作为捐赠人的权责与义务，并且建立起沟通对话的场所，最终让捐赠人在这个组织化的过程中找到自己的定位。这一操作规避了无秩序的表达（非理性的诉求），而是让捐赠人认真地去对待自己的参与过程。这是形成理性的起点。

（三）项目议程中加入捐赠人决策

形成捐赠人的组织化运作体系以后，组织对自身的期待必然会承载在某一项具体事物之中。虽然有新的捐赠人会通过项目走访等方式持续参与，但这并非是一个长期稳定的参与项目形式。联劝网平台依然要面对一个问题，即在激活了捐赠人对于自身身份的认同之后，如何让他们的这种热情不要冷却下去，持续地转变成参与行动？

联劝网平台的做法是设计一套能够让捐赠人和项目进行定期互动的机制，这种机制既不会太影响项目团队的执行效率，又能够让捐赠人感到自身的互动是有价值的，这就形成了"捐赠人参与式项目资助计划"。

联劝网平台于 2017 年开始建立"捐赠人参与式项目资助计划",邀请捐赠人成为联劝项目的"公益观察员",深入参与公益项目的探访、讨论与资助决策。此计划旨在倡导快乐公益、多元公益、理性公益的理念,帮助捐赠人获取最专业的公益知识与视角,了解真实的公益生态与公益人,收获温暖而难忘的回忆与成长。对于持续资助的项目,公益观察员需保持至少一年的持续关注,比如发表对此项目的感受、跟进项目进展情况、对项目遇到的挑战提出建议或对接资源等。

捐赠人被赋予了"公益观察员"的身份,其与项目进行定期互动的方式,起点处是参与联劝基金会持续资助项目的实地探访和项目活动;而出发点则是要与项目人员和服务对象进行交流,并对项目的持续资助开展讨论与决策。这个过程将捐赠人的参与诉求和联劝网平台的期待统一了起来,即联劝网平台期待捐赠人能够以更加发展的视角来讨论公益项目的专业性,并就此提出改进意见。而捐赠人对项目的参与也无须投入大量的时间精力(甚至于辞职做公益),他们可以在保留自己本职工作以及专业视角的基础上,从更加多样的角度为项目的改进提供思路,而这种思路提供又不是凭空而来的,是基于捐赠人定期对项目的参与投入和关键决策的讨论所产生的。

这就解决了如何让那些充满热情的捐赠人与项目的互动不再是"纸上谈兵"和"不切实际"的问题,即让捐赠人与公益组织先"坐在一条板凳"上,然后再加入到项目的发展历程中,最终让项目的生命历程与捐赠人的期待统一起来。在这个时候就能够激发出捐赠人对于自身的公共偏好(看待公共问题的视角和提供公共问题的解决方案),以及进行最接近于真实以及理性的表达。

(四)捐赠人对项目偏好的表达与选择

面对捐赠人已经被激活的专业意识与项目偏好,形成理性捐赠人的契机也同时到来,捐赠人对于偏好表达的理性程度,再加上对于公益项目专业性的引导，便可以形成一份独特的选择力量。这回应了公益行业一直面对的问题，即如何让公益市场中的两个用户统一起来？如何让出钱的捐赠人的需求偏好（我的钱该怎么用才有价值？）和接受服务的受益方的需求（你的钱如何用对我才有价值？）逐渐统一起来？

在过去，由于这种不统一，公益项目捐赠人和受益人的相互排斥（"白眼狼"与"暴发户"的歧视性标签），只能将公益项目的专业性维持在较低的水平（只做捐钱捐物的事情）。为了解决这个问题，公益组织在提升自己项目专业性上做了大量的努力，期望通过让自己作为一个更加专业的平台，来弥合捐赠方和受益方巨大的需求差异。这样做虽然辛苦，却有一定效果，但依然没有解决项目发展的可持续问题，即只有捐赠人认同的事情才能够获得捐赠方源源不断的投入，而捐赠人最认同的不是被公益组织说服后的结果，而是基于自己价值偏好和理性选择后的结果。那么如何为捐赠人提供这种选择的机会？

联劝网平台的做法是开设独具特色的公众评审会项目评选机制，让那些已经走完前三个阶段之后能够理性表达自身选择偏好的捐赠人，成为项目发展方向的重要选择方。

自 2011 年开始，联劝基金会由捐赠人代表参与并决定"一个鸡蛋的暴走"主要的善款流向。每次公众评审会将邀请公益顾问以及暴走活动的捐赠人代表对该场所有参评项目进行评审。各参评的公益项目负责人将来到现场，通过项目陈述和答辩环节充分展示项目，而后由公益顾问点评，由捐赠人代表投票决定是否同意资助。

公众评审会让公众直观感受并参与到善款使用决策中，使更多捐赠人对公益有更客观更深入的了解，为公众和公益机构搭建沟通桥梁；同时也让公益机构的项目设计和实施更能融合公众的需求和认知，以便积极地促进公益行业的良性发展。

而对于公众以及捐赠人来说，评审会意味着有了一个真正供其表达自身选择偏好的空间，经过一系列严肃的程序，捐赠人体现出的是对自身权利的应用和对项目的长期认同。毕竟到这个阶段，公益项目就不再仅属于公益组织，而是属于所有认同关注的参与的人，这是大家共同的事业，也是公众层面所稀缺的社会选择空间。

三、理性捐赠人需求脉络的理解与激活

在上述从公益项目的参与者到理性捐赠人过渡的过程中，联劝网平台的做法之所以能够产生作用，是因为其在不同的阶段激活了捐赠人的需求点，而这种需求点的激活过程又进入到一个不断上升的层面，使得理性捐赠人的出现不是偶然的，而是能够沿着处于平均社会认知水平中的公众的需求脉络展开，换言之，是适用于大多数捐赠人从参与走向理性的一条路径。

在这里我们将理性捐赠人的需求激活阶段整理为一个模型，并在下文详细解释该模型（见图 5-2）。

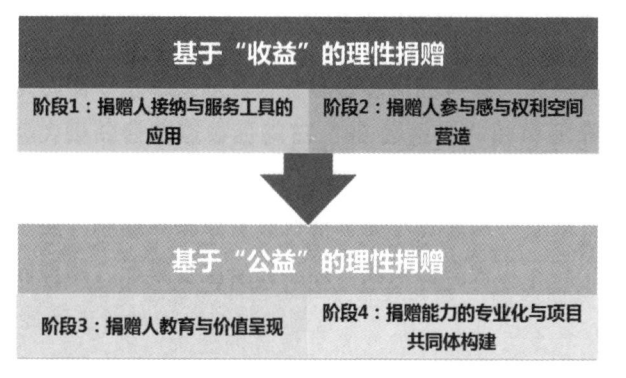

图 5-2　理性捐赠人培育的四个发展阶段

（一）基于"收益"的理性捐赠

基于收益的理性捐赠是我们在讨论中国捐赠文化中所无法绕开的话题，人们为什么要捐赠？在捐赠之初所呈现出的理性应该如何去理解？

中国的慈善文化历史悠久，它的思想渊源，就是中国传统文

化中的性善论。但是，现今大多数中国的捐赠人，对于捐赠出自己的财产这件事心里有着双重矛盾，即深思熟虑和随机偶然的捐赠行动可能体现在同一个人身上。比如一个人既有可能会被某个贫困的个人所打动，而不问真假捐一大笔钱，也可能会在向一个公益组织捐钱的时候认真地去想"我为什么要捐这笔钱？这个组织能给我带来什么？"

在这里我们不展开篇幅去讨论中国独特的慈善文化，而是从现状入手去描述大多数捐赠人对于"理性"捐赠的考量，这种理性最常见的地方，发生在接触个人大病求助时。在看到一个人因大病而发起的筹款求助时，人往往更愿意给自己熟悉的人（亲戚、朋友、邻居、同事）捐钱，而并不十分在乎对方的贫困程度。这种原因既包含了人们在捐赠过程中需要更多的信息以构成信任感，而熟人的出现，恰好能满足这种信任感；也体现出人们对于捐赠的结果有自己的期待，即这种面向熟人的捐赠是能够积累社会资本的，能够表达自己的善良，也能够在熟人圈子中留下良好的声誉，这是一种内外兼得的"收益"。几乎不可否认的是，这也是大多数人在向熟人进行捐款的时候，必定考量过的"收益"要素。

这种收益观并非是一件坏事，它体现为最朴素的"花钱有所值"的理念。这种价值体现在公益活动中时，可以是乐趣、荣誉、机会、纪念品等等。既然我们在讨论关于理性捐赠的内核，那必然绕不开经济学里对于理性人的假设，即理性人一定会趋利避害，会重视自己的收益与损益。而留给公益组织的问题是：

第一，如何与以个人收益作为衡量要素的捐赠行为进行互动？公益项目如何与其产生挂钩？

第二，当我们把收益观作为理性捐赠的起点之后，如何能够在这个需求起点之上持续引导捐赠人，把"收益"的概念从"私人受益"提升至"公共受益"的层次，从而达成公益组织所期待的理性捐赠？

在这里联劝网平台所采用的方法，或许值得思考与借鉴。

1. 阶段1：捐赠人接纳与服务工具的应用

在阶段1，联劝网平台首先认同了这种以个人收益作为捐赠动机的"理性"行为，这体现在联劝网平台并不排斥公众以"寻找乐趣"和"获得人缘"等纯利己行为作为参与公益活动的动因，甚至可以看到在联劝网平台的公益活动设计中，首先接纳了这一点。例如：

快乐地感受善的力量，这是一个考验运气、体力、人缘、善心、毅力、智慧的综合性自虐挑战，你能发现一个新的自己（2020年联劝网平台"一个鸡蛋的暴走"活动标语之一）。

运动员宅家花式训练大赏，看完我决定报复性运动！运动吧后浪！后疫情时代，如果你也想变瘦变美变有爱，联劝公益邀你参加"一个鸡蛋的暴走"线上挑战赛，30天燃烧3000大卡（2020年联劝网平台"一个鸡蛋的暴走"活动招募通知文本）。

我大约在2014年参加了第1次暴走活动，当时并不太清楚这个活动的目的是什么，只知道活动的路线正好离我家不远，而且一路上的风景不错，因为我自己恰好热爱摄影和徒步，所以报名参加，徒步的过程中也认识了一些人，体验还不错。后来在下一次参加活动的时候，联劝也需要有摄影师帮着拍照，所以我就以这样的一个志愿者身份报名了（访谈自联劝网平台捐赠人L）。

联劝在每年的报告活动之后都会公布排名，这个排名会显示哪些队伍的筹款量靠前，哪些队伍的徒步时间更快等。一些经常参加徒步走的活动组织，对这个排名很重视，甚至有一些队伍为了冲击排行榜的前几名，会组织更多人捐钱来"刷榜"（访谈自联劝网平台项目部S）。

大多数活动的参与者，对于首次参加这个活动的感受都是好玩有趣，这种相互间的接纳，使得彼此再进行深一步的了解成为可能性。但仅有了解还不够，联劝网平台为了更好地与捐赠人进行挂钩，需要回应其对于信任关系构建的需求。在这里联劝网平台引入了大量的实用性较强的服务工具，这种工具的主要作用是促进信息更快地流通，包括维护与捐赠人关系的邮件、数据发布的工具、捐赠人证书、爱心回礼等等多种方式。

您可以报名参与公众项目评审会，投票决定资助哪些项目；可以报名成为"公益观察员"，亲自到项目地体验、走访、互动。此外，每一笔捐赠都可以实时查询到，善款去向将及时以资助计划、善款使用报告、年报等形式披露。您还可以关注联劝网平台公益的微信号或致电联劝网平台工作人员查看公益项目探访报告、中期报告、结题报告等（《"一个鸡蛋暴走"的活动须知》）。

我最深的印象是在活动中和活动后能看到的各种通知，还有各种证书以及经受过审计检查的各种报告，虽然我不一定能看懂，但是联劝网平台向我发送这些东西，能够让我感受到这是一家比较正规的组织，而之所以最终愿意长期参加活动，甚至成为月捐人，也是因为觉得他们相对于其他组织，虽然只是一个民间机构，但是看起来很正规，甚至比一些老牌的机构还要正规，这让我比较有信心把钱捐给他们（访谈自联劝网平台捐赠人 M）。

促成信息对称和公开透明，大多数公益组织都需要做这件事情，但与其他组织不同的是，联劝网平台使用大量的捐赠人服务工具来把信息对称的工作做到如此丰富的程度，并非只是为了公开透明或应对监管，而是以此为基础，让捐赠人感到联劝网平台的规范化运作并形成基本的信任关系。同时，接纳捐赠人对于个人收益的追求，并将这种收益也纳入到捐赠人服务中，使捐赠人在与公益项目建立基本的信任关系之后，继续产生挂钩的效果，使捐赠人因为私益被接纳被认可而产生了对联劝更深层次的信任。

做到形式化的信任比较容易，它只需要一家公益组织达成公开透明，用某一种被赋予的权威度（例如5A级评估结果）让大家不再怀疑这家公益组织的正规性。但如果想要达成更高层级的信任关系，则需要做到彼此接纳，让对方在公益组织的活动空间中感受到的并非是道德感的绑架或排斥，而是如同朋友聚会和生活化的场景一般温暖。想要继续保留这份深层次的信任感，则需要引入参与的力量和权利空间的营造。

2. 阶段2：捐赠人参与感和权利空间营造

在阶段2，联劝网平台主要开展的工作，就是如何让捐赠人更易获得参与感。参与感的营造，贯穿于联劝网平台针对理性捐赠人培育的整个过程，只是不同阶段对于参与感的回应方式也是有所不同的，要符合捐赠人需求脉络的逻辑和发展规律。

而当我们讨论的阶段还处在基于捐赠人的收益点所产生的理性捐赠，就必须要意识到参与并不是天然出现的，甚至于说从回应个人收益的角度出发，参与本身是不划算的一件事情，这意味着捐了钱还要继续捐时间、捐精力、捐心思，如何能够让捐赠人愿意进入到参与体系中？如何让他们把参与过程看作是自身可以享受的一项福利？联劝网平台的做法是为其营造出通过参与获得权利的空间。

> 我已经是联劝网平台的长期捐赠人了，我主要捐的是每年的鸡蛋暴走活动项目。对于我个人而言，转变观念是在有一年参加活动之后，联劝网平台邀请我去陕西做走访，参加这个活动对我来说不太容易，因为要专门抽出时间，而且去了之后，也要去一些比较偏远的地方去看儿童项目的实施效果。但令我比较惊讶的是，除了现场观摩之外，我回来以后是可以发表自己的观察感受的，这个观察感受会被联劝网平台记录下来，并且后面也可以有机会报名参加公益观察员。再后来我也报名成为观察员了。（访谈自联劝网平台捐赠人L）

　　这个项目最令我（指捐赠人）震惊的一点是：目前只有一个孩子考上了高中。我不禁开始思考如何让我们的公益更加有意义？虽说看到孩子们健康快乐地成长已经很令人欣慰，但我还是希望捐赠人的钱产生更大的价值。尤其是希望他们中有更多人能改变自己身处的社会阶层，而不仅仅满足于加入比父母更好的工厂（摘自联劝网平台捐赠人 Z 项目观察报告）。

　　对于星星家园本身，我们（指捐赠人）又能以怎样的方式增加意义呢？一位同去的同学建议，能不能通过更多展映描述外界社会的电影（尤其是人物传记类），让孩子们意识到美好的生活状态可以通过努力达到（摘自联劝网平台捐赠人 Z 项目观察报告）。

　　捐赠人因为参与感所产生的价值，如果想延续下去，就必须为这份参与感赋予对应的空间，即参与不仅仅是走形式的过程或一场异地的出行，而是在观察公益项目之后体现参与价值，能够有一定的空间来让捐赠人提出自己的想法和改进的建议，为捐赠人提供一种在日常社会生活中所稀缺的自主空间和选择的机会。这种空间中所存在的权利，会让捐赠人感受到自己被关注，以及自己（因为捐赠）所拥有的独特地位，而这也是参与这个过程本身为捐赠人带来的首要受益点，使得捐赠人能够不辞辛劳和烦琐愿意持续参与。

　　有参与的热情还不够，要将包括联劝网平台在内的公益慈善组织所营造出的参与氛围促使捐赠人走向对于项目专业性的理解，并参与到共同为公共问题提供解决方案的过程中去。这其中就涉及需要从基于私人收益的"理性捐赠"真正走向基于关注公共收益所产生的"理性捐赠"中去。而在这个过程中所要面对的问题，就是如何解决因为缺少共识和专业知识，在参与过程中产生的无秩序问题。

（二）基于"公益"的理性捐赠

进入到基于"公益"的理性捐赠，对上一个阶段目标的改进与发展而言，二者并非完全对立和隔离，而是在捐赠人的需求脉络上逐渐成长起来的，是基于捐赠人已经充分地感受了回报之后，经过公益项目专业性的耳濡目染，关注点开始从"如何更好地实现我的价值"转移到"如何更好地解决公共问题"的过程。要想实现这个过程，离不开公益组织对于捐赠人的专业性训练（能够看得懂项目）和捐赠议程的设置（何时何地去体现这种对于公益的理性）。

1. 阶段 3：捐赠人教育与价值呈现

在这个阶段，联劝网平台所开展的捐赠人教育与价值呈现，包括继续保持并推进公众与公益组织以及整个公益领域和公益事业的深度对接。对接的过程中，捐赠人和项目方会自然感受到彼此对于同一问题的理解差异，进而产生对话，这种对话的氛围，既有可能走向深度理解并达成共识，也有可能加大分歧，从而将捐赠人的理性水平倒退回起点处。如何让这种氛围培育出更多的理性，并能够往更深层次的专业性发展？这是联劝网平台在现实运作过程中所要考虑的。

联劝网平台所要做的就是设置好这个对接的梯度，让捐赠人对公共问题的理解能力和理性水平在增长的过程中，不断地对接到与其高度对应的参与活动，并成为参与过程中把握议程和调控氛围的那个人。

最开始参与现场沟通会的时候，我（捐赠人）还有一些不太适应，因为这个场景太过于随机了，按照我的设想，这里面的问题啊、表达啊甚至有一些公益组织的讲话，都应该是事先设计好的。对于这些设计好的问题，捐赠人也不一定能说得过他们。但到了现场之后，我发现我们（捐赠代表人）和他们（公益组织/项目方）是直接面对面地沟通，情感的交流会更加真实一些，就跟人和人对话一样。我觉得在这里面联劝网平台作为会议主导人的作用比较重要，对会议角度把握得恰到好处，大家能够坐下来心平气和地讨论问题，就是感觉很自然。而随着我的参与逐渐变多，后来我参加的讨论会就有好几类了，有见面会也有评审会，不同会议讨论的事情不同。（来自对联劝网平台捐赠人 L 的访谈）

我报名参加了公益观察员，于 10 月 24 日探访了杭州"六个大包"公益服务中心的"含羞草流动儿童性健康教育"项目。去杭州路上，我提到"六个大包"这个似乎又土又雷人的机构名称，难道就没有更雅更有公益深意的名称代替吗？联劝公益项目部宋女士告诉我：六个大包，源于创始人婉先生在浙大读研时，他们六个志愿者背着沉重的大背包去西部支教。原来这六个大包不是什么肉馅豆沙馅，而是非常素朴的爱心馅呀！（来自对联劝网平台捐赠人 Z 的观察报告）

目前，在参与的梯度和议程方面，联劝网已经形成了一套持续教育捐赠人的整体策略、路径和机制。例如，捐赠人从加入暴走活动中感受参与公益的快乐，到深度参与 U 积木计划的资助过程，慢慢地投入和体验，学会理性地观察和思考公益项目，再到设立和管理集体基金、DAF（捐赠人建议基金）选择资助项目，更加自主地参与公益。捐赠人教育的结果，一方面会体现在捐赠人参与的理性水平上，同时也会体现在每一次捐赠都产生了正向循环，即因为参与提升了参与公益项目的能力，这种能力又使其能够更好地履行参与的职责，从而产生胜任感，随即更加愿意参与到下个层级的活动中去。

最终，这个循环要走向的是将捐赠人从简单的初级慈善推动进入到高层级地解决社会问题的公益项目中去。

2. 阶段 4：捐赠能力的专业化与项目共同体构建

经过前三个阶段的发展之后，在第 4 个阶段所产生的质变点是基于捐赠人所接受的培育和训练使其拥有了足够多的专业能力，能够看得懂公益项目的运作逻辑，并作出负责任的选择。但这个时候的选择就不仅仅是现场参与了，而是真正地要对公益项目的发展和方向进行深度的设计与讨论。

这个阶段"联劝"的思路是设立捐赠人建议基金（Donor Advised Fund，DAF），让捐赠人在善款使用方面长期享有强大建议权的基金。

"联劝"要向捐赠人提供详细的慈善项目清单，供捐赠人选择。基金管理方为捐赠者提供咨询服务，帮助他们思考慈善捐赠的目标和方式，在持续影响公众的路径上，联劝网平台已经探索建立集体捐赠模式——一众基金，并开设了 26 个捐赠人建议基金。

> 每一年，Nicole 都会带着她的孩子参加联劝公益的"小小暴走"活动。但"小小暴走"一年只有一回，Nicole 想长期地、有计划地、有的放矢地做慈善，以"我们一家人"的名义捐款，有一个属于他们家庭的慈善账户。经过和"联劝"公益的交流，Nicole 成立了"联劝 J&N 专项基金"，可以随时随地进行捐赠，和孩子一起平等地讨论专项基金里的善款要捐到哪里，实现家庭价值观的传承（联劝 J&N 专项基金自述）。

显然，让捐赠人来主导，"点菜式"地选择自己要资助的项目，就要求项目呈现的信息量与深度增加，这对项目运作水平的要求和梳理勾勒项目运作模式的理论水平都提出了较高的要求，也对服务成效的表达水平提出了较高的要求。

这种高层级的项目及其成效更难以用数字、量化的形式来呈现。简单来说，这需要具备"不仅要能做出来还要能说出来"的能力，系统完整地表达清楚项目的价值点、技术点、成效以及潜力点，这个时候要想让捐赠人认同，就不能仅停留在如何促进信息对称方面，因为项目发展与选择的责任主体已经发生了变化，所资助的项目不再是"联劝"的项目，也不仅是表达"联劝"的公益选择意志，而是变成了理性捐赠人与公益慈善组织共商共治的一种选择方式。

其独特价值点是改变了公益慈善项目的捐助逻辑，也就是面对理性捐赠人，项目所要做的不再是证明自己有价值，不再是用简单的信任或权威的说服方式来让捐赠人愿意捐赠，而是作为一个解决公共问题的项目，本身就有了理性捐赠人自己的责任和贡献，项目的价值体现在捐赠人与项目方共同努力之后的成果。这既不单单属于联劝，也不属于捐赠人，而是属于这个高度信任的项目（为解决公共问题而提供方案的）共同体。

四、线上公众参与的服务模式创新

（一）一种低成本大范围的吸引公众的方式

从长远发展来看，互联网募捐平台从诞生时只是一种线上募捐方式，正在逐渐演变成一种未来代表公益捐赠的习惯与能力，届时所谓线上和线下的区分会逐渐消失，而变成不同层级不同类型的捐赠方式。筹款最终解决的依然是公益项目与捐赠人的对接过程，即供方与需方如何更好地相遇。在没有互联网募捐平台的时代中，这个对接过程已经有了诸多障碍，主要体现在供需双方对接的各类难题上。

而以前在线下的尝试中，实际上也是将这一过程逐渐变得通畅，让捐赠方和需求方以及受益人能够越来越有深度地结合在一起。早年公益组织想要创造这种机会，需要在线下设计开展大量的活动，例如典型的中国扶贫基金会的善行者，以及上海联劝公益基金会的"一个鸡蛋暴走"项目。这些项目所做的不仅是要传播自己，而是把项目作为平台让大多数参与者能够有机会遇到公益项目。创造相遇的机会，这在过去是一个成本相当高和技术含量相当高的事情。但进入到互联网募捐平台中，这种相遇的机会成本相对较小，而范围会大幅扩增，并超越了区域或者时间的限制。

（二）捐赠人的选择空间与评价结果被放大

联劝网平台的捐赠项目中均有评价功能（网页版），位于项目介绍的最后一部分，此部分的名称为"评价详情"，可以从这一部分看到评价者的留言、评价时间、评价星级。而对于评价呈现的方式，即用户评分计分规则，参考 IMDB. COM 所使用的贝叶斯平均计分算法。公式为 $WR = v/(v+m) \times R + m/(v+m) \times C$（WR 为得分，v 为当前项目打分人数，m 为最小人数，R 为当前项目平均分，C 为一个定值）。

> 点击"我要评分"按键，页面跳转至该募捐项目的分值界面，此处会说明项目分值的算法。用户进行评价时，需要进行星级的评价（五星制），并可以留下 200 字以内的留言，单个项目只能评价一次，未捐赠过的项目也可以进行评价。项目方可以对留言进行回复。（线上评价项目的操作方法）

实际上线上评价功能和线下评价功能并不是相互替代的关系，"联劝"所看重的捐赠人评价，是一种体现在捐赠人参与全过程中的态度，这种态度在线下参与过程中已经得到了充分的表达；而线上捐赠人的评价则更注重对于过往捐赠结果（评价）的保留和累积，从而为后期新的捐赠人在整个项目中留下更多的选择依据。这解决了以往线下开展项目捐赠的一个难题，即缺少评价信息的积累时，选择捐赠项目几乎如同盲选，而"联劝"的做法则使捐赠人的选择有依据可以参考。

（三）延续了捐赠人在线下与项目的相遇

丰富的线下活动，给予捐赠人深度接触体验公益项目的机会，制造了捐赠人与公益项目"相遇"的场景，为了让这种相遇能够持续下去，线上的"月捐"功能则成了合适的载体。

因为月捐是较为长久的捐赠关系的建立，同时其着重于培养理性持续的捐赠人，虽然管理成本较高，但月捐在一定程度上改变了长久以来慈善捐赠领域中"捐完就走"的捐赠习惯，通过规则设计和技术支持在一定程度上培育了捐赠人对自身捐赠项目和行为的责任感。从捐赠入口处开始，到捐赠过程的展开，再延伸到捐赠流程的完成，捐赠人一步步地建立起与捐赠项目的联系，这种联系是对个人参与感的一种映射，既可以受益于线下参与的成果，也可以反哺捐赠人对于参与线下公益活动的兴趣度。

（四）丰富的捐赠人服务使募捐双方产生多种连接

捐赠页面要求填写捐赠人住址，联劝网平台给出的原因是为了寄送纪念物或者小礼品。在捐赠关系中捐赠人是付出金钱、时间和精力的一方，平台或者公益组织会邮寄纪念品小礼物的行为也是一种"回礼"的过程，相当于人情社会中的礼尚往来，同时更有利于捐赠人和受益人平等关系的建立。类似于这种捐赠爱心礼物的服务设计，在联劝网平台上还有很多。这些丰富多样的服务累计效果主要体现在创造更多让募捐双方产生多种连接的可能性。

（五）项目参与在线上与线下相互衔接

线上线下相结合的方式促进捐赠人深度卷入项目执行过程，相当于为后续的捐赠人参与多加了一个入口。在捐赠人认捐某个项目后，捐赠人不仅可以在线上跟踪项目执行和受益人受益情况，同时，在线上完成捐赠行为后，捐赠人也有相应信息渠道收到信息并进行实地探访，担当公益观察员，参与到项目的线下执行过程中。这样可以切实让捐赠人看到公益组织的努力及项目成效，进一步巩固捐赠方对公益组织及项目的信任。

联劝网平台通过多种规则的设计，有效提升了捐赠人对自己捐赠行为和项目的责任感，这也是最关键的一点。典型的做法有两个：

（1）捐赠身份的转换工具：通过"爱扑满"工具将捐赠人身份转变为劝募者，创造了一个小型的劝募场景，达到募捐金额目标的过程，不仅是捐赠人获得成就感的过程，也是其主体感觉和责任感被激活的过程。捐赠人内心的自我角色定位发生了转变，捐赠也不再是"一锤子买卖"，而是权利与责任相对等的一种行为。

（2）捐赠评价与留痕：联劝网平台为捐赠人提供了项目打分评估功能，每个捐赠人可以根据自己的捐赠体验或者对公益组织和项目的了解，对各个项目进行打分和评价。这是联劝网平台尊重捐赠人权利的一种体现，同时也给予了捐赠人影响项目或者为项目留痕的空间。捐赠人在了解自身的评价将影响其他捐赠人的捐赠选择以及项目筹款的后续进展的情况下，其对所捐赠项目的责任感必定也会进一步加强。

第六章　公益领域的供需
直接对接与打通

　　在这个章节，我们将看到互联网募捐平台
在社会需求和资源方之间如何发挥对接打通作
用。这里互联网募捐平台可能无法起到直接提
供流量的作用，但作为一个连接的工具，可以
实现供需对接和打通。这样一种技术思路的实
现，一方面让社会需求更加显性化，降低了公
益组织挖掘社会需求的成本，实现了项目的高
效运作；另一方面，通过筹款让受益人与捐赠
人进行直接对接，打通了受益人与捐赠人之间
的信息壁垒，实现供需双方的相互促进，从而
最大限度地实现社会公益领域的最佳供需对

接。与此同时，也让大型枢纽型公益组织从解决单一社会问题的执行者，变为解决系统化、深层次社会问题的专业技术提供者，从而促发公益项目从基础物资递送快速向高层级方向发展。

本章以公益宝为例。与腾讯公益、支付宝公益等平台相比，公益宝平台本身并不具有流量优势，无法为大量的公益项目提供流量资源。与为公益组织和项目提供资源和流量的思路所不同的是，公益宝是运用互联网技术实现将信息链条下沉到受益主体身上，将一线的社会需求自下而上地呈现出来，建立互动纽带，同时让受益人也参与到筹款和公信力的建设中来。

一、公益宝＋慈善会的项目体系

公益宝是当前民政部指定的 20 家互联网公开募捐信息平台之一，该平台是由北京厚普聚益科技有限公司推出的，旨在为全国具有公开募捐资质并实施网络公开募捐活动的公益组织提供募捐信息发布服务，同时也致力于为公益组织和公益项目提供互联网信息管理技术，通过"数字慈善"的方式，连接更多社会资源，搭建适合公益组织发展的网络化生态。

2012 年，公益宝平台与湖北慈善总会成为战略合作伙伴，经双方深度合作，前后推出了 20 多套业务系统，并结合健康扶贫、乡村振兴推出大病医疗众筹和幸福家园两大公益项目。大病医疗众筹与网络上的个人大病求助不同的是，该项目所募捐的资金由具备公开募捐资格的公益组织湖北省慈善总会进行接收与管理。其次，公益宝平台通过技术打通了与医院收费系统以及政府档案管理信息系统的信息通道。一方面，湖北慈善总会通过多渠道且真实有效的信息来源对求助人的信息进行核实；另一方面，在资金的使用上，可以保证捐赠人所捐善款通过医院系统真正地用到受助人的身上，且专款专用在疾病的治疗与康复上。

而幸福家园项目则起源于在对贫困个人进行救助的过程中的大病医疗众筹项目。双方共同沿着受益人的需求脉络探索，发现在发起求助的人群中，大多数患慢性病或长期需要医治的重病患者，他们除了在医院看病之外，大部分时间都生活在村社。通过观察发现，这类特定的群体除了生病需要救治，他们在日常的生活中同样也面临很多问题。于是，幸福家园项目就以村社（农村的村庄和城市的社区）为基本单元，推出了基于村社需求的救助活动，该项目旨在帮助以村社为单位的受助群体，按照"公共性、公益性"项目准则，解决各村社个性化的问题和需求。

简单来说，幸福家园的项目模式是以乡村的社区为基本单元，在村子里成立村民监督委员会（以下简称"监委会"）。首先由村民代表在公益宝平台上以村社真实名称注册村社名片，发起项目，经村子里的监委会成员表决通过，经公募组织慈善会审核认领，项目即可在平台上筹款。然后由村民自发行动，通过微信群、朋友圈等形式，号召身边的人参与捐款。与此同时，由平台与慈善会联动整合资源，为项目提供一定比例的配捐引导资金，用于调动社会参与的积极性。项目所筹的款项由村社负责确保用于该项目的执行，同时将项目执行的进展在平台上进行反馈，项目执行效果及资金使用情况接受来自平台、捐赠人、公益组织等各方的监督（见图6-1）。

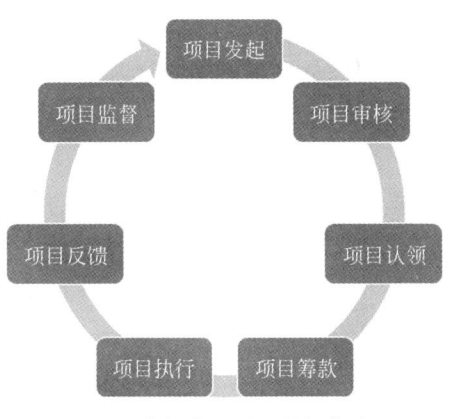

图6-1　幸福家园项目的操作流程

从幸福家园项目的整个操作流程来看，项目将行动与责任主体从公益组织转移到了受益人身上，项目需求提出、项目发起、项目筹款、项目执行以及项目的反馈都由以村社为单元的受益主体来操作完成。其中项目内容的审核由在村社里成立的监委会成员进行投票表决。如果通过，再由公募组织湖北慈善总会对项目信息进行审核，发起项目筹款。同时，该项目的筹款主体也是受益人群本身，发起该项目的村社自发动员村民（居民）参与筹款，并通过线下口口相传和线上相互转发的方式号召身边的人也参与捐款。在项目筹款完成后，由村社执行该项目，并在平台上实时反馈项目进展。这样的方式，相当于打通了捐赠人与受益人之间的信息通道，双方在平台上直接交换信息，极大地促进了捐赠人对项目真实情况的了解程度，也让受益人可直接听到看到捐赠人对项目的看法与评价。而公益组织则转变为专业支持与监督的角色，利用自身的专业技术帮助受益人通过公益筹款的方式解决自身所面临的问题。

可以看出，公益宝平台对项目管理信息技术的把握和运用，允许公益组织有着这样特定的操作，这是不同于其他平台的，是公益宝平台独特的互联网技术应用和价值理念带来的产物。在这样的思路下，公益宝平台在提供基础慈善类公益项目服务上也在不断地向更深层、更系统化发展。而互联网技术在公益项目操作上的运用，不仅为公益组织提高项目的执行效率提供了解决方案，更为我们提供了挖掘和解决社会问题的新思路和新方式。

二、互联网技术上的运用，实现了供需的直接对接

（一）技术下沉到项目的具体操作层面，实现了公益项目的高效率运作

公益宝平台首先提供了一个募捐平台，公益项目可以在上面发布项目信息进行筹款。除此之外我们也看到，公益宝平台还与公益组织进行深度合作，围绕公益组织服务的特定人群以及具体的公益项目内容，利用互联网技术将项目的整个操作流程都搬到线上，在为项目筹款的同时，还提高公益组织运作项目的效率，

运用互联网技术将信息链直接下沉到受益人身上，快速准确获得
受益人的需求，并且将其快速解决。

根据公益项目的五个层级理论①，医疗大病众筹项目仍然属
于第一层级基础慈善的范畴，该项目是通过互联网募捐平台筹集
资金，将其递送到特定需求的个人手中，在这个过程中还要做到
精准递送到目标人群手中，这一层级的项目公信力非常重要。

公益宝平台上的医疗大病众筹项目，利用自身的条件，如前
面提到的技术手段，打通了与医院、政府等多方信息通道。在第
一层级的公益项目中，现有的行动已经很好地展现出了精准递送
的特征。公益组织对受益人信息的真实性和需求的公益性进行把
关审核，项目筹款的真实性有了保证，而打通与医院医疗支付系
统的通道又进一步确保了资金使用的透明度，让资金的使用也更
加具有公信力。从这里我们可以清楚地看出，公益宝平台上的大
病医疗众筹项目，通过自身独特的操作体系，在第一层级的公益
项目中，也可以起到和其他平台一样的筹款、递送的作用，甚至
在公信力上更加具有说服力。

而"幸福家园"项目则是以村社为单元，基于村社的公共需
求发起项目，最初的需求内容多以基础物资的递送为主，例如修
建道路、蓄水池、安装路灯等。项目在平台上线后，由整个村社
的人连同当地的企业、公益组织、个体商户等一同进行筹款。筹
款一旦完成，受益人即可在平台申请资金、执行项目并且在平台
进行反馈。从项目的整个操作流程可以看到互联网技术在其中的
运用，使项目操作过程中需要花费大量人力和时间的环节得到
改进。

在以往的项目操作中，需求挖掘与项目设计、项目上线、筹

---

① 公益项目五个层级理论，是指将公益项目划分第一层级：散财式的基础慈
善；第二层级：流程化公共服务；第三、四层级：社会服务和社会治理；第五层级：
社会系统变革。随着项目层级升高，公益项目的技术难度也越来越高。

参见：陶传进，朱照南，刘程程等.公益项目模式：理论框架及其应用［M］.北
京：社会科学文献出版社，2020.

款动员、项目实施、项目反馈等环节都需要公益组织的工作人员进行实际操作，然而这其中的任何一个环节又都需要在多方的沟通以及信息的整合上花费大量的时间与人力成本。对于大多数公益组织来说，项目执行效率低下一直是公益组织向专业化方向发展的阻碍，其原因是公益组织不得不借助人力对各个环节进行操作与把控。

然而，通过线上项目管理系统的加持，让项目在实现高度透明的同时，将责任主体从公益组织转移到受益人身上，这个转变让受益人从被动接受变成主动参与，与公益组织共同承担了项目操作的工作，同时线上信息的即时传递让参与的各方都可快速获取信息，推动其快速做出反应，将项目的执行持续向前推进。可以说，通过对公益项目各个环节的改进，大大提高了项目的运作效率，规范化的运作模式也更便于项目复制与推广。

通过上述对医疗大病众筹和幸福家园项目的分析可以看出，公益宝平台在满足基础筹款功能之外，可以根据公益项目的特点设计相应的项目管理流程，通过线上操作的方式让所有利益相关方都可以清晰地看到公益项目执行的每一环节，大大地解决了社会组织项目执行效率问题，并且建立了长期可持续的发展模式；与此同时，提高了项目的公信力，真正意义上实现了资金递送的高精准度和高透明度。

（二）技术下沉到受益主体自身，实现受益人需求与捐赠人的直接对接

通过对"幸福家园"项目进一步的观察，可以发现，当技术实现了将信息链下沉到受益人身上，将受益人与捐赠人的信息壁垒打通，让双方直接对接起来的时候，带来的不仅仅是项目运作效率提高这一个改变，还搭建了社会需求得以解决的新路径。

"幸福家园"的项目模式，可以说是将社区里的公众变成了最小单位的项目发起方，只要以社区为单元，或者说在社区这个单元里，都可以发起募捐。这就意味着社区里的每个人都可以成

为项目发起的主体，依据本社区的问题需求发起项目，项目发起难度门槛的降低与快速反馈为激发受益人自发行动提供了清晰可见的路径。平台的搭建，直接让各个村子的个性化需求在最短的时间里，以最简单、最客观且真实的面貌呈现出来，为捐赠人提供了更具有公信力的项目信息且更为多元化的选择。

除此之外，受益人参与动员筹款，也促使新捐赠人群的产生。这样一种筹款方式与以往针对特定救助对象或是项目内容进行的捐赠相比有所不同。后者取决于捐赠者个人的偏好，且须建立在捐赠人先有捐赠意向的基础之上；这一类捐赠群体的规模，常常受限于经济水平的影响，且很难开拓。而前者因为受社区关系的影响，会促使跟这个村子有关系的人一旦获知村子的需求，便会自愿捐款或是碍于面子不得不捐款。

公益宝平台独特的设计思路，不仅让每个人可以看到自己捐给了哪个村社哪个项目，要解决什么问题，还可以从公开的捐款记录上看到熟人的捐赠记录。捐赠信息的透明化呈现，也使得捐赠人之间相互影响，出现"别人捐多少自己也捐多少"，或者"自己要比别人捐得多"的情况。

在这里可以看到，与常规的以项目为主导的信息发布方式不同，幸福家园中每个村社项目的发起并不是基于单个项目为 ID，而是每一个村子会在平台注册一个村社名片，经过认证确保信息真实可靠，这样就相当于建立了一个"身份证"，不仅村子中的人，包括从村子走出去的人，都可以通过公益宝搭建的平台参与到家乡的公益事业之中。

村社在这个名片之下，并不是只能发布一个项目，而是可以根据社区的需求持续发布多个项目，在这样的公开募捐信息平台中，从第一个项目的发起、执行、监督、反馈的全流程信息都可以在线上看到，之后再次发起的新项目的全流程信息将不断被积累在这个平台上。受益人不仅参与项目的发起，还会对项目执行的效果进行直接反馈，捐赠人对项目的评价与反馈也可通过平台直接传递到受益人那里，受益人接收到信息后，既可以对其以最快的速度回复、答疑，也可以采纳捐赠人建议对项目进行优化。此时，捐赠人与受益人之间形成了直接的对接。一方面受益人的需求可以快速地传递，另一方面项目也因为受益人的显现而获得与之相关联的捐赠人的关注。

"幸福家园"项目的受益人从传统项目模式中被动接受捐赠和帮助的角色，变成了需求的直接提供者与行动者。从提出需求、发起项目、动员筹款、执行项目到项目反馈，都由受益人自己完成。整个项目执行过程其实是赋予了受益人直起腰板，主动寻求资源和行动改变，且正面理性地接受监督、回应质疑、与社会进行对话的能力。这样一个过程，使得受益人不仅获得了物质需求和心理需求的双重满足，而且让其看到了可以依靠自己实现需求满足的途径；当再次遇到类似的需求或问题时，受益人可以通过这样的方式随时采取行动。最主要的，是满足的过程不养懒，受益人可以对自己的行为负责，逐渐成为更有能力和担当的人。

平台的高透明度和信息同步的及时性也为受益人和捐赠人之间建立起了良好的信用机制。公益宝所搭建的平台，让社会公众可以看到项目从发起到执行的整个过程。不仅如此，以村社为单位的名片设计，可以看到这个村社所发起的所有项目的进展和动态。这样的信息无疑为需求的真实性提供了较为全面的信息背书，极大地激发了捐赠人持续关注的热情。

捐赠人对项目的评价与反馈可通过平台直接传递到受益人那里，受益人接收到信息后，既可以用最快的速度回复、答疑，也可以采纳捐赠人建议对项目进行优化。可以看到，两者相互促进，一方的行动可以对另一方快速产生影响。就像是商业市场，供需双方在同一平台对等地对话。双方通过不断的互动和对话，加深了解，并做出对等的选择。这个过程推动了供需双方都向着更加理性的方向发展。

（三）将互联网技术与公益组织专业运作结合，实现线上线
下的相互呼应

"幸福家园"项目是公益宝平台与湖北慈善总会深度合作的
产物，公益宝平台为线上操作提供了互联网技术支持，为供需双
方搭建了一个良好的公开平台。线下湖北慈善总会为活动组织、
发动村民、筹款提供了专业性支持，推动了线下行动的开展。二
者的结合，犹如一个"双子星"结构，彼此相互呼应形成合力，
将各自的优势发挥至最大。

在线上，公益宝运用互联网技术打破距离和认识边界，让项
目的行动与变化的每一个细节呈现出来，从而影响更多线下的人
也跟着行动起来，对村社动态的不断关注，会促发关注者们更愿
意参与到社区的公共事务当中。这个时候，需要更多人参与的活
动可以通过线上来实现，形成一种线上的互动。例如参与评选五
好家庭，参与优秀志愿者、社区能人等活动。对于社会组织来
说，公益宝将公益项目全流程的操作搬到了线上，为社会组织提
供了高效的项目管理系统，通过互联网便捷的数据收集方式，也
为社会组织提供了可靠的事实反馈。线上的技术为公益组织提供
了基础性服务的同时，也会为其开展工作提供必要的技术支持。
公益宝在提高公益项目管理技术的同时，允许社会组织去做更多
的事情，社会组织也得以聚焦于自身专业的发展。

在线下，湖北慈善总会作为行动的执行者，在线下深入村子
开展动员、宣讲，也为整个项目的推进提供了必要的行动支持，
不断地将整个项目下沉到社区之中，解决村里棘手的环境或是
生活问题。例如，通过社会公益服务来帮扶村子里需要帮助的弱
势群体。在受益人不断提出需求的过程中，湖北慈善总会联动各
地公益组织在线下为村子提供的社会服务也越来越全面，例如公
共环境与卫生的治理，留守儿童的心理疏导、教育问题，孤寡老
人等特殊群体的照顾，涉及的服务层次也在不断提高。"幸福家
园"项目在满足各个社区基本需求的过程中，这些更深层次的服

务，除了资金，还需要专业技术支持的需求不断涌现出来，这也促使社会组织专业化不断发展。

线上与线下有着各自不同的作用，但他们是相互促进和相互激励的。为了满足深层次的服务需求，公益宝与湖北慈善总会在原有框架之下，相互呼应，开发以社区为单元的志愿服务平台。湖北慈善总会推动各个村社成立志愿者团队，提供专业的技术支持，招募村子里的人做志愿者，参与村子的垃圾清扫，为儿童或是老人提供帮扶等。而公益宝平台为线下的服务活动开展提供线上技术支持，开发系统将志愿者的服务行动转化为积分，通过积分兑换的方式激励志愿者持续参与。

通过这种方式可以清楚地看出，线上公益宝为社会组织提供高效率的项目管理，为社会组织开展活动提供可实现的互联网技术支持。线下湖北慈善总会作为项目的执行者，可以更加聚焦于提供专业化的服务，二者形成了一个相互呼应的体系，在这个特定的循环体系中，二者在共有的价值理念下相互激励，线上与线下完美地结合在一起，共同努力推动公益项目向着更高端的层次发展，二者的相加实现了"1＋1＞2"的作用。

三、受益人与捐赠人供需直接对接的新方式，显现了独特的效果

（一）基于同一个地域的公共问题，将原有社区关系下的人群对接起来

与大病医疗众筹项目的相同之处在于，"幸福家园"项目最先进行的服务内容也是处于公益项目的第一层级基础慈善阶段。以村子为单位，每个村子有自身的村社名片，从修路、建设路灯这样的基础项目开始，属于"散财"的范畴。类似这样的慈善项目在其他平台上也有许多，而公益宝平台在其独特的条件下，却产生了一份不一样的效果。

以村社为单位，通过村社吸引来的捐赠人或多或少都与这个

村子或是村民有关系，他们的捐赠行为不同于基于项目内容的偏好捐赠，而是基于对村社的关注和邻里间的社会关系。在这样的捐赠人参与机制下，受益人的需求是否真实、是否急需以及能否得到满足是捐赠人真正关注的。在这其中，受益人通过公益宝搭建的平台，将自己的需求在平台上呈现出来，让捐赠人能够快速地看到并给予支持。

村子犹如一个大家庭，这个大家庭的一举一动都会很容易被关注。基于亲情、乡情的情感关联，离开家乡的人会主动关注自己家乡的动态。项目的设计加上技术的运用，为这些人提供了一个快速了解家乡近况的通道，也让与这个村社相关联的人可以通过参与捐款的方式反哺家乡。不同于我们常见的"短平快"项目，"幸福家园"项目实现了特定的一群捐赠人与特定的受益人之间的最佳供需对接，二者之间的关联不再是简单的捐赠者与受益人，而是基于了解，以感同身受为纽带的捐赠与被捐赠。这不同于以往其他平台对于捐赠人不甚了解公益项目或受益人的情况。

这样一种基于特定地域范围内所形成的公益网络，将许多捐赠人与受益人之间的关联加上了"乡里乡亲"的羁绊，捐赠人与受益人直接对接的体系中，大大激活了供需两端参与公益项目的积极性。受益人与捐赠人两端基于已有的信任关系，不断互动，捐赠人端的持续关注激发了受益人的自主性，受益人端的实际效果和感受的反馈同时激发了捐赠人的价值感。这样的效果得益于公益宝独特的平台架构，在第一层级的项目中，展现出了自身独特的效果。

通过公益宝平台已经建立的项目模式和效果可以看出，在第一层级项目中，其已经展示出来了更好的公信力，以及将受益人的自主性发挥出独特的效果；同时基于稳定的社会关系和资源的精准递送，捐赠人和受益人之间也形成了一种稳定且可持续的供需对接机制，为公益项目向更高层级的发展提供了良好的基础。

原本因为大量的人离开家乡外出打工而变得凋敝的乡村，被这样的社会动员的激发，重新形成了一个线上线下一体的新乡村形态。未来，乡村的建设与发展不再仅仅依赖于只是生活在这个村子里的人，而是依赖于通过互联网募捐平台和这个村子产生关联的所有人。

（二）长效稳定的对接机制形成后，地域性的社会问题及需求进一步外显

随着"幸福家园"项目的持续运作，受助人的基础需求不断被满足的同时，受益人与捐赠人也通过不断的互动形成了一个基于关注社区公共问题的较当前社区规模更大的线上线下社群。在这个社群中，社区中的人与关注社区的人因为共同的利益而长久地对接和关联起来，组成了一个更大规模的共同体。这个共同体中，每个人既是受益人，同时也是捐助者。每个人都因为自己与村社的关联，提出村社需改善的问题。这个时候，基础需求的不断被满足和信任关系的积累，为项目向更深层次的发展打下了坚实的基础，为"幸福家园"项目的内容从基础的物资递送向更高层级的需求延伸提供了巨大的潜力空间。

通过项目内容可以看到，有些社区已经从修路、安装路灯、垃圾清运等资金递送可以直接满足的需求，开始向公共活动空间的建设、公共环境和卫生的改善、留守儿童与孤寡老人问题的关注等需求层面延伸。通过平台的互动与留言可以看出，在外务工的年轻人，留下家里的孩子和老人在村社中生活，长期因为无法照顾他们而担忧，通过社会服务来解决这一问题，成为在外打工人员亟待解决的需求。

此前，因为缺乏公共活动空间和设施，村民之间的沟通和交流是极少的，整个村子也缺少团结和凝聚的氛围。而社区公共活动空间不仅能为村民提供交流的场所，也为老年人和留守儿童提供了更多心理上的发展空间。当有问题时，村民之间也会及时地参与交流解决，这就使得基础慈善在逐步地走向社会服务层次，更多受益人心理上的深层次需求开始涌现。伴随着项目的开展，

居民之间交流的加深,捐赠人对于村社的关注也更加积极,在这样的利益相关方相互推动下,"幸福家园"项目也在不断深入公共环境与卫生的治理,留守儿童的心理疏导、教育问题,以及孤寡老人等特殊群体的照顾,等等。

公益宝为项目的实现提供了互联网技术的支持,这样高效率的管理系统,为社会组织提供了更大的自主空间,湖北慈善总会可以在线下为动员村民、宣讲等行动做出更多的努力。在这样的生态体系中,社会组织沿着受益人的需求不断扩展,开展的项目也是越来越丰富,专业能力也在不断地提高。在时间上,持久的捐赠会逐渐在村社中形成一个公益生态体系,在这里捐赠人对于村社项目有着深厚的联系,受益人与捐赠人之间产生了直接有效的对接,这样的供需对接增加了事实的可靠性,也提高了村民的参与度,最终会逐步建立起一个可以持久成长的公益生态。

(三)高层次需求获得回应,促使项目自动深化

从受益主体需求出发的互动模式一旦建立,高层次需求显现的同时快速得到回应,项目自动进入到更深层的领域当中。

这个时候可以看到,"幸福家园"项目从第一层级的"基础物资"需求开始向第三层级的"社会服务"需求显现,而公益宝平台搭建的"社区名片"设计,将平台的功能不再局限于项目筹款,而是成为村社的公开展示平台。项目借助湖北慈善总会以及地方上的公益组织的专业力量,指导社区组建志愿者团队,发动村民参与公共基础设施的建设,同时借助平台,将社区的志愿服务历程在平台上进行记录和展示,建立志愿者积分系统,让通过平台关注到社区的人群时刻能够看到社区中一步步的行动与改变,同时在平台上设计互动功能,在外的人可以通过平台为社区中的志愿者们点赞、评论,通过互动提出更具有建设性的建议等。

这样线上线下互动的项目模式,让原本被忽视的个性化、深层次需求从水下浮到水平面上,让与社区关联的人们共同意识到

社会服务的强烈需求及重要价值。只有需求被直观地呈现出来，才能引起专业的社会组织与社会服务内容的足够重视。公益宝平台目前还走在项目向社会服务领域深度研发的路上，着力思考如何为社区中的专业社会服务搭建平台。通过不断加强与专业社会组织的合作，致力于让社区中的个性化、深层次以及长期被忽视的需求通过专业化的社会服务持续性地得到满足是接下来发展的重点。

与此同时，因为新的共同体的产生，除了上面提到的第三个层级"社会服务"的内容，各类需求从不同的角度被呈现出来，涉及各个方面，同时，基于一个更大的共同体，共同体的每个人在一个平等的台面上，在需求的排序上，在问题的解决方案上，不再是从一个人或是村委会的角度进行决断，而是需要通过议事协商机制来完成问题和需求的筛选，筛选后的选项能够满足公共的利益，这是对雏形中的新社群提出的挑战。

在项目之初，每个村子都建立了一个村民监督委员会。村民监督委员会的成员是村委会成员、村民代表等共同搭建的议事协商组织，通过投票机制进行项目的审核与筛选，发挥了很大的作用，保证了村民整体的利益。在项目起始阶段，因为需求尚在基础层面，普适性很强，基本上不会出现大的矛盾。但当需求越来越多且越来越复杂的时候，不仅需要决策更加科学公正，同时对解决方案的设计也提出了专业性的要求。

如何推动项目决策的科学公正，如何高水平地满足村民的深层次需求，这样一系列新问题的产生实际上已经将"幸福家园"项目的内容进一步延伸到了公益项目的第四个层级"公共治理"层面。这一层级不是将资源直接进行一对一的递送，也不是转化为具体的社会服务内容，而是运用于群体之中，以便协调群体的行为，为达成某种有规则的、朝向特定目标的集体行动。

平台中已经有社区提出通过平台设计项目来解决村社产业扶贫的需求。要解决这一需求，不仅需要资源的补充，同时还需要具有系统化设计可行性方案的能力，还需要调动村民的积极性，利用愿意尝试的动机，给予相应的容错空间并建立机制等等。

随着项目需求层级的不断深入，对"幸福家园"这个项目系统的搭建也在提出更高的要求，以满足更高层级项目的开展与运作。很显然，公益宝平台与公益组织形成合力，已经走在了这条随着需求升级而不断延伸和成长的路上。

当下我们不能断定这一目标是否会实现，但能够看出的是随着"幸福家园"活动项目的形式更加丰富，社会组织更加具有专业性，关注者与村社的联系更加紧密，整个村社的人就会真正地发挥出民主的优势，逐步实现一个自治的局面；这样一个特殊的公共治理体系也会不断地发育成长起来，形成一个更高层次的公益生态格局。而公益宝所搭建的支持平台，能够让互联网技术作为有利的工具持续下沉到每一个关键性的节点上，为推进项目的专业化、深层次、系统化持续发力。

第二部分

社会选择机制下的互联网公益

第七章　互联网公益领域的社会选择机制

　　第一部分中，我们看到互联网募捐平台所呈现出的社会价值，且这一价值是多元的，不同的平台有着不同的价值贡献，只不过当前或许还未将每一家平台的价值都充分挖掘出来，获得广泛认知。所以，当前我们应该加速这样一种认知的清晰化过程，在专业人士的努力下逐渐形成行业共识，并努力传递到社会公众层面。

　　在对平台价值有着充分认识的基础上，就可以促进更大范围内相互选择机制的建立，在这个领域建构自己独有的社会选择规则。借助这一规则，一方面引领互联网募捐平台和公益组织向着良好方向发展；另一方面引导这个领域自然地形成优胜劣汰机制，从而不再让政府事无巨细地通过监管来统领整个领域。

那么，什么是互联网公益领域的社会选择机制呢？

一、社会选择机制的概念

早在《从政府公益到社会化公益》[①] 一书中，我们就对公益领域通过社会自然选择形成优胜劣汰的规律进行过阐述，而社会选择机制实质是社会公众通过知晓、评价、参与（捐赠）来影响甚至决定公益组织的存亡与兴衰，从而将公益组织置于竞争之中，以实现对其优胜劣汰和公益资源的优化配置。

互联网公益中的社会选择机制是指：通过捐赠人、平台、公益组织之间的相互选择，实现平台、公益组织朝向规范化和专业化运作，并且能够实现公益项目的优胜劣汰和受益人的链条有效地运转。这其中，以互联网募捐平台为依托，其与公益组织、捐款人等之间都存在着相互的自主选择权限，形成一条"捐款人——平台——公益组织——受益人"的链条。这比一般公益领域的"捐款人——公益组织——受益人"的链条更加复杂一些。

在这其中，捐款人、平台、公益组织和受益人便成为整个互联网公益领域内的四大利益群体，他们之间的互动形成了整个互联网公益选择的主链条（见图 7-1）。

二、当前互联网公益社会选择机制的现状

当前，互联网公益领域的社会选择机制就是一套将互联网募捐平台纳入公益领域，各主体之间是相互选择和互动关系的选择体系，包括该领域内相关利益主体之间在基于规则和信息对称基础上进行的相互选择，如为谁捐款、捐给谁、接纳谁、认可谁，

---

① 赵荣，卢玮静，陶传进，赵小平等. 从政府公益到社会化公益：巨灾后看到公民社会发育逻辑 [M]. 北京：社会科学文献出版社，2011.

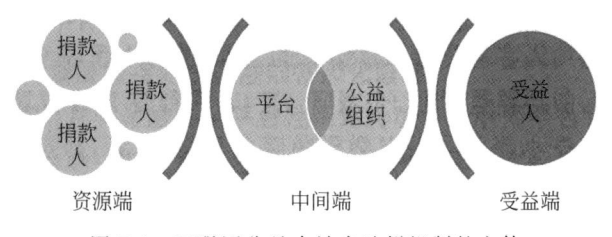

图 7-1　互联网公益中社会选择机制的主体

等等。

其中的重点包含以下两个方面：

第一，在这个体系中，互联网募捐平台、捐款人、公益组织、受益人这四大利益主体之间建构起以规则的制定和遵循为基础的行为选择关系。

第二，四大利益主体之外，借助于这一体系将更广泛的社会群体卷入参与进来之后，包括媒体、普通社会公众、第三方组织等，加上政府这一主体，便形成一个良性的社会选择生态系统。这一系统可以让各个主体发挥应有的价值，而系统本身也有一定的纠偏机制，例如系统引导公众逐渐养成对公益领域贡献者认可、欣赏甚至感恩的态度，避免单一地从挑剔甚至吹毛求疵的角度看待公益领域中的创新者与贡献者。

在当前，我们看到互联网公益领域正逐渐朝向更为成熟、有效的社会选择方向发展，它们正在努力建构这样一套互联网公开募捐领域的社会选择机制。在这里，我们可以看到当前互联网公益中社会选择机制是否存在、怎样存在以及发挥了怎样的作用。

（一）各类主体都有内生追求动力

1. 已有 20 家平台

自 2016 年民政部统一认定和公布第一批平台以来，时至 2020 年已有 20 家平台，未来还将有更多的平台出现。平台的法定功能是为公益组织公开募捐信息，实质性功能包括通过互联网以简单、快捷的方式将广大的公众捐赠人和公益项目对接起来，实现远距离、大范围的无数小额捐赠，这已经成为公益组织募集资金的重要通道之一。其中影响力最大、参与人数最多的是腾讯公益发起的"99公益日"，这是近年来公益慈善领域的现象级事件。

20家平台有的是由公益组织发起和运作的，如上海联劝公益基金会发起的联劝网；有的是由企业发起并运作的，如腾讯公益、阿里巴巴公益、支付宝公益、公益宝平台等。两者在发起方的组织类型上有差异，但性质和效果基本一致，那就是在不损害第三方利益为前提条件下使捐赠人与公益组织之间双方受益，公益组织因此获得了筹款和传播的新通道、新途径，捐赠人参与进来实现了参与感、社会价值感等。整个互联网募捐平台的运作体系完全可以看作是社会化公益的运作体系。

2. 20家平台各有追求的动力

在互联网募捐平台的运作中引人注目的现象是，每一家平台都希望做大做强，都希望面对公众和社会是成功的，不仅是获得美誉度，更重要的是在公益领域中的运作体量和社会影响力。为此，各平台均在发力，借助于各种合规途径、技术手法以及充分运用发起主体（以企业为主）的运营网络、渠道资源和互联网技术来打造平台，包括热度、捐款量、社会组织的数量和质量、对上线项目合理选择，恰当把关，还包括使命实现的程度、实现的巧妙路径，比如对捐赠人的尊重、对社会化公益生态的建构，等等。

3. 从平台组织扩展到四类主体

搭载在平台上的大小公益组织，也充满着渴望和运作动力，希望在平台上筹得更多的资金。所谓的小公益组织是指通过筹款来具体运作公益项目的公益组织类型，通常没有公募资格，因此需要与具有公募资格的、相对较为大型的公募组织合作，如公募组织、慈善会等，一同到互联网募捐平台上进行募捐，这便是所谓的"小公益组织"和"公募组织"两类主体。

互联网募捐平台面向所有的社会公众开放，并且广泛地推广相关信息，大量社会公众被卷入进来，在平台上进行多次、小额的捐赠，成为捐赠人。捐赠人卷入进来并开始投入关注。

因此，互联网筹款的新格局中除了互联网募捐平台，还有捐赠人、公募组织、运作型公益组织，各主体都充满活力，积极地运作或投入进来。大家都带有追求自身目标实现的内在动机，因而整个场域实际上是四类充满活力和动力的主体相互交汇在一起（见图 7-2）。

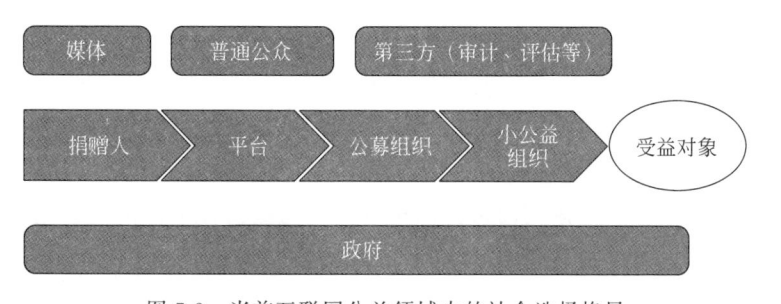

图 7-2　当前互联网公益领域中的社会选择格局

（二）基于社会选择确立标准

在市场经济领域，顾客愿意购买什么产品以及愿意以怎样的价格购买，决定了企业的生产经营选择。而互联网平台上同样存在着准顾客选择的机制。以腾讯"99 公益日"为例，同一个平台上无数的捐赠人面临着数百上千个公益项目，公众依据自己的意愿进行捐赠，或者说通过捐赠行为来选择公益项目，那些获得更大捐赠量的公益项目将生存下来并发展下去，获得不了捐赠资金的公益项目可能会逐渐萎缩消失。

公众依据什么标准来选择捐款？最基本的就是个人价值偏好以及公益组织的可信度。前者是指不同的人对不同的公益项目类型有不同的选择偏好。在此基础上有更多的选择标准，如判断一个公益项目所立足的社会需求是否重要且急迫；如果条件允许还可以判断项目的运作团队是否用心和专业；公益项目的品牌是否形成了一定的积累、有了一定的稳定性；或者是受媒体传播的热度影响，公众往往对更具有媒体热点性的公益项目有更高的偏爱。

除公众选择平台和公益项目以外，四类主体之间基本上都存在着两两之间的相互选择。例如小公益组织选择公募组织，主要是看后者在平台上的身份、地位以及所具备的流量资源、有无优质的配套服务、被推送的优先性、所对应的媒体热度，等等。由于募捐平台通常会对小公益组织和公募组织合作的数量有所限制（如有的平台规定小公益组织所合作的公募组织不得超过三家等），因此就必须要进行选择，而非无限量地与所有公募组织合作。平台选择公募组织的标准则主要是该组织的评估等级、既往筹款数额、历史品牌积累以及是否有相应的丑闻点等等。

由于四类主体两两选择的标准，又与被选择主体的内在追求动力合二为一，整体就构成了沿着某个特定方向的内在生长体系。当内在动力足够强大、外在标准足够明确之时，经过一段时间的运作，就能预期产生出一份特定的效果。用简明的公式来表达这一效应：

一类主体的内在生长动力＋另一类主体对它的选择标准＝沿着特定的方向产生追求，实现特定社会效果的产出

例如，当公益组织具有把项目做大做好的内在动力，它们需要到平台上进行筹款，而此时社会中的捐赠人对公益组织的选择标准，是看该项目在解决有价值的社会问题以及其使用资金方面是否可靠，二者的结合就会促使公益组织产生成长，它们会越来越瞄准社会中的真问题，并且提升资金使用的可信度，探索出解决社会问题的有效方案。如此一来，整个社会的公益组织就可按照数量和运作质量两个方面发展起来。

（三）公益理念是又一份内在运作标准

四类主体各自的追求除了受制于外部社会选择之外，还受制于自己的内在标准。这正是公益组织区别于企业之处，公益组织拥有特定的价值理念和使命目标，因而理念既是组织建立和持续

行动的动力，又可作为组织追求方向和具体运作的判断依据。例如互联网募捐平台本身就完全可以基于公益动机而运作，公益动机又可落地为特定方面并有着明确的价值选择，从而让平台运作朝这一特定的方向努力，实现心目中理想的价值目标。

这份内在标准使得在社会选择过程之中，除了争取最大资源之外，参与主体内在还有一个价值标准，使得公益领域内的社会选择不会进入完全资源导向的"资本市场"之中。这也是公益领域内的社会选择和企业中的市场选择的起点差异所在。

三、社会选择背后的原理

刘忠祥的博士论文《从政府选择到社会选择：中国基金会发展动力机制研究》[①] 中详细阐述了公益领域的基本选择，提出当以下四个条件得到满足时，社会化公益依照自身所特有的机制而运作，实现比政府管控更高的效率。

公益领域里社会选择机制成活与有效运作存在着四个基本性条件：第一，社会中有符合公益人假设的个体，他们不需要是纯粹的公益人，只需要有一定比例的纯公益动机即可；第二，社会中有自由流动的资金，以及有足够数量的社会组织，社会公众有可供捐赠的资金，又有数量充足的组织可进行选择；第三，在捐赠人和公益组织之间存在着充分而可信的信息，双方之间信息对称，从而避免产生欺诈行为，使信用链条不至于中断；第四，政府制定基本的法律法规，最基本的底线是要保证项目的运作符合公益性，捐赠和接受捐赠行为符合公益的本质，而不是借助于公益来牟取私人利益，其次是要保障公益组织有基本的公开透明制度，以及双方之间的信息对称保障。

在以上四个条件具备的情况下放手让公益组织自由筹款，放手让捐赠人自主捐赠，二者之间就会实现相互选择，于是公益的

---

① 刘忠祥. 从政府选择到社会选择：中国基金会发展动力机制研究 [D]. 北京师范大学，2013.

社会化运作机制形成，从而产生更好的资源优化配置和实现更高的分配效率。

这一原理同样适用于互联网公益领域。只是当前互联网公益领域中的社会选择可能有力量强弱之分，比如当前捐赠人和平台对公益组织的选择较强，而公益组织对捐赠人和平台的选择力量则相对偏弱。此外，公益组织和受益人之间也可以相互选择，但这部分选择的力量就更为弱势了。

四、社会选择机制中的契约关系

社会选择机制以契约精神为基础进行运作。其中，契约关系是供需双方利益需求得以合理分配的保障。目前，在以社会化运作为主的互联网募捐平台上，已经可以看到供需双方契约关系的形态。在利益分配的过程中，目前供需双方的表现可圈可点，未来可期。此处将从一个具体的情境开始：

（一）腾讯公益①的"99公益日"案例

"99公益日"活动的出现是公益领域第一次大规模社会（公共）资源分配的社会事件，腾讯公益是资源供给方，参与"99公益日"进行筹款的社会组织是需求方。在该资源分配过程中，腾讯公益作为社会主体，制定规则并带领参与者适应规则。这里的"规则"表面是指"99公益日"的"游戏规则"；更深一层是指对集体利益的分配，以契约精神为核心，让参与者逐步认识和适应规则的过程。

自2015年起，腾讯公益联合数百家公益组织、知名企业、明星名人及创意传播机构，共同发起一年一度的"99公益日"。三天的时间，大量资金注入公益慈善行业；同时，主办方以开放的姿态和低门槛的准入标准欢迎公益组织参与活动。资金量巨大吸引来众多公益组织，在资源分配过程中，供需双方互动时，并

---

① 这里的腾讯公益指的便是民政部指定的20家平台中的腾讯公益平台。

没有足够的社会选择意识和能力，对规则和背后契约关系认识不足。具体表现为：

1. 错将平台当作政府，追求绝对公平

大体量的资金吸引公益组织参与"99公益日"，还得益于这笔资源的"无标签性"，即腾讯公益带来的资金是"自由"地降落在社会领域，而非特定地降落到谁家的"院子"中。不少参与"99公益日"的组织认为自己理应获得更多，"战绩"较少的组织尤其这样认为。这时，一些资源竞争者便认为这种"马太效应"将会导致有实力的组织越来越壮大，而真正指望"99公益日"筹资得以生存的弱小组织却无法达成期望。这种说法越演越烈，演变成"公益领域的钱不能保证其公益性"这种有失偏颇的说辞。有的组织成员为了获取更多的配捐，不惜修改项目执行和筹款计划去迎合"99公益日"规则，但这样的"取舍"使组织十分不满，认为是被规则牵着鼻子走，感到气愤。

在资源分配的过程中，有一部分组织误将腾讯公益这笔"无标签"的资源作为公共资源，将腾讯公益作为政府，从而要求平台以分配公共资源的原则进行分配。但是，既然腾讯公益是本次资源分配的社会主体，便决定这并非政府行为，而属于社会自发行为，它完全可以遵从社会选择机制，即资源提供方来选择如何分配及分配给谁。所以，从理论上来说，腾讯公益完全有自主权选择如何资助及资助谁。其次，至于这里的社会主体在多大程度上已经具有了公共性因而需要更多地考虑结果公平，则是这里的第二位原则。

为避免出现对公正性原则偏颇的评判，应先理解腾讯公益的本质属性。平台非政府，追求绝对公平不适用于平台的资源分配原则。当然，这也并不意味着腾讯公益可以无视公益组织的诉求，这是一个双方相互选择的过程，腾讯公益本身也需要追求公益组织的认可与选择。

2. 换位思考，重新定义公平的含义

腾讯公益是资源分配的社会主体，虽说不要求在分配过程中实现绝对公平，但仍应遵循社会选择机制和尊重入驻平台的公益组织，尽量平衡双方利益，以相对公平的方式进行资源分配。不能单纯地认为由于腾讯公益出钱出平台，即使入驻平台的公益组织仅能获得极少数的资源，也会满怀感激和满足之情。因此，腾讯公益在带领公众建立利益分配规则的过程中，需要更多地倾听来自社会的声音，而非进行纯理性的假设。更重要的是要正视各方对于"公平性"的理解。

此类利益分配的过程可以借鉴最后通牒博弈论模型透视"公平性"的诠释。最后通牒博弈论是一种由两名参与者进行的非零和博弈。在这种博弈中，一名提议者向另一名响应者提出一种分配资源的方案，如果响应者同意这一方案，则按照这种方案进行资源分配；如果不同意，则两人什么也得不到。按照理性人假设，只要提议者将少量资源分配给响应者，响应者就应该同意。因为这要比什么都得不到好。但实际进行的实验则表明，只有给响应者分配足够资源时，方案才能通过。不难看出，在这场资源分配中，响应者更加重视"公平性"而非"利益最大化"。

所以，事实上，腾讯公益和公益组织之间是基于公平理解上的相互选择，这个选择是在多轮的互动过程中完成的。

3. 逐渐完善形成相互选择的契约关系

互联网技术的发展催生互联网募捐平台的出现，使筹款链条上的供需双方进行初次互动。这也是第一次社会中对公益资源进行大规模分配的社会事件。供需双方均缺乏社会选择的概念、意识，能力和经验也不足。这个时候，如果有人跳出来认为自己有能力起引领作用进而推动双方认识的发展，是非常受欢迎的。根据6年来"99公益日"规则的演变，从规则的稳定性、合理性和完善性三个维度，看得出其在不断完善中。当然我们也无法要求其一蹴而就。这就从侧面反映出供需双方在互动的过程中，开始相互适应，从而增进理解，逐渐形成契约关系，以此发展下去，仍然是值得期待的。

（二）契约关系下的相互选择过程

现阶段，社会选择机制已经在现实中逐步发展，并形成不同主体的互动和选择，他们的选择主要是基于契约关系，而不是上下的权力关系。

首先，平台打造自己的特色吸引公募组织入驻，从而能有更多小公益组织通过募捐平台进行筹款；公募组织愿意选择热度高且资源丰富的募捐平台。另外，公募组织倾向于选择执行能力强的小公益组织，以获得好的口碑和较高的联合筹款金额；小公益组织同样愿意选择往年筹款额高、业界口碑好且服务好的公募组织进行挂靠。同时，小公益组织会结合自身的特长，根据募捐平台的特点和资源进行选择。三方的互相选择过程中，以政府出台的各项政策，如《中华人民共和国慈善法》《国务院关于促进慈善事业健康发展的指导意见》《公开募捐平台服务管理办法》等为底线。各募捐平台以此为依据进行自主创新性的设计，而非遵从政府的统一部署及强制管控。

以"99公益日"为例，自2015年第一届"99公益日"以来，腾讯公益对于"99公益日"的资源分配严格依据自身不断完善的规则进行，而非规则背后的行政权力，从而走向了与集权化分配方式相反的路径——社会选择机制。在实际运用过程中，腾讯公益的社会选择机制是由"99公益日"平台上多级相关方的社会主体选择机制建立起的立体型运用机制。如图所示，"99公益日"平台上承载着包括公募组织、小公益组织的项目或子母项目中的子项目。同时，在捐赠活动中，公众捐赠人与腾讯公益平台直接产生互动（见图7-3）。

在"99公益日"选择链条上，腾讯公益与小公益组织的项目通过公募组织链接起来，两两之间自由选择。首先，腾讯公益希望选择规模大、社会动员能力强的枢纽型公募组织，于是便在资源分配过程中将相对优质的资源留给他们，如醒目的广告位，能带动流量的传播资源，企业资源的优先对接等。同时，大型公

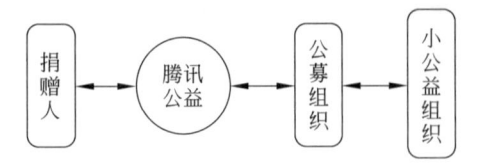

图 7-3　腾讯公益平台上三类主体的相互选择

募组织从自身出发，考量是否选择腾讯公益平台。这里的考量涉及公募组织如何看待资源分配的公平程度，如同上文提到借"最后通牒博弈论"阐述资源分配过程中，作为响应者的枢纽型组织很难单纯地满足于所谓利益最大化的资源分配方案，而是追求相对公平性。不仅如此，还会涉及与机构理念的匹配程度，对机构发展起到的正向作用等。

其次，公募组织与小公益组织互选时，同样是双向的自由选择。枢纽型公募组织希望挑选执行能力强的小公益组织。小公益组织则希望选择有一定影响力且历年筹款量大的头部机构进行挂靠。"99 公益日"规则明确指出小公益组织最多能够挂靠三家公募组织。如果枢纽型组织因自身不具备吸引小公益组织的能力，久而久之人走茶凉，就会失去腾讯平台优先枢纽型组织的利好条件。所以，在两两相互选择的过程中，市场自由竞争下通过优胜劣汰机制能够督促各社会主体能力的提升，从而推进公益领域的发展。F 基金会就是很好的一个例子。

F 基金会是一家大型公募组织，自 2015 年起参与"99 公益日"至今。调研过程中 F 基金会筹资官员分享到：关于互联网筹款，他们主要注重两个方面，一方是募捐平台，一方是挂靠的非公募机构，两个方面同时发力行动。

选择腾讯平台，F 基金会希望被放在醒目的位置及获得更多资源，因此便努力提升自己，做得更好。其主要从三个方面入手：提升自身的专业性以获得更高的基金会等级，追求整体更大的筹款量，保障在平台上的持续性和小公益组织的数量、类型。其中，更高的基金会等级和筹款量能够向平台立体地展示自身专业水准、公信力和动员能力；持续性和小公益组织数量等能够在平台积累捐赠人信息，为增加项目筹款量做铺垫，同时也为平台保留"流量"，这些都是向平台"要"资源的筹码。

另外，小公益组织最多可以选择三家公募组织挂靠，以 F 基金会的救灾项目为例：F 基金会希望招募执行能力强的救灾类小公益组织/项目挂靠，将有助于提升 F 基金会在腾讯平台的筹款额，这与救灾类小公益组织的诉求一致。对于救灾类小公益组织来说，他们希望挂靠在腾讯平台上有救灾类项目的头部公募组织，如果 F 基金会的表现不能保持在前三，很可能被小公益组织放弃。F 基金会接受挂靠的组织越少，在平台上筹款越困难，最终便会逐渐凋零。

透过腾讯公益的"99 公益日"的平台—公募组织—小公益组织三个关键主体之间的双向选择，我们能看到社会选择机制主导下的运作机制形态。通过 F 基金会参与"99 公益日"筹款过程，在社会选择机制的主导下，作为枢纽型组织，保持选择的主动性和对另外两方的吸引力从而收获更好的筹款表现，成为激发自己不断提升专业能力的内在动力。而这种动力机制来源于社会机制主导下的自由选择；在自由选择中能够保持长青地位的决心，引发了 F 基金会与同级伙伴的竞争关系。因而，想要脱颖而出就要不断提升自身的能力，使自己变得更强。

在这些主体相互选择的过程之中，事实上并没有上下级之间的关系，而是一种合作伙伴关系，每个双箭头选择过程之中遵循的都是契约精神。每一方都有说"不"的权限和自由，例如这几年陆续有一些公募组织和小公益组织并没有参与到"99 公益日"中来。在当前的腾讯公益上，这部分说"不"的组织不太明显，其主要原因还是平台资源太过稀缺，对于许多小公益组织来说，腾讯公益还是其最有可能参与的一个平台。而更为灵活的互选格局将在平台和基金会逐步繁荣，整个社会选择机制更为成熟后出现。

第八章　社会选择机制与政府角色

一、政府在其中的角色：天花板还是地板

在看到社会选择机制自发能够产生的效果后，我们进一步来看其中政府的角色。一种角色是政府成为"天花板"，类似于计划经济时代的政府全方位主导和兜底，政府将承担所有的责任与权利，同时，公众遇到问题时也会第一时间寻求政府的介入，即监管模式。另一种角色是政府成为"地板"，社会选择是在政府这个"地板"之上发挥作用，政府主要是在底线处进行监管，即治理模式。

（一）当前政府对于平台的管理

在 2016 年之前，国内互联网公开募捐领域呈现出的是一种"野蛮生长"的格局，既没有"天花板"，也没有"地板"。2016年，根据《中华人民共和国慈善法》有关规定①，民政部拟采取遴选方式，指定慈善组织互联网公开募捐信息平台，并在当年组织评审会，首批遴选了 13 家平台。2017 年，在《中华人民共和国慈善法》的基础框架下，民政部开始对互联网公开募捐平台工作进行规范，典型的便是出台了《慈善组织互联网公开募捐信息平台基本技术规范》（MZ/T 087—2017）和《慈善组织互联网公开募捐信息平台基本管理规范》（MZ/T 088—2017）这两个重要的行业标准。2018 年，民政部又组织了第二批的平台遴选，最终通过了 9 家机构。两个批次 22 家平台中，有 2 家平台提出退出申请，最终目前产生了 20 家互联网公开募捐信息平台。当然，未来民政部可能还会分批组织平台遴选并逐渐完善其管理工作。

在相关政策法规和行业规范的基础上，政府目前对平台的管理方式主要是每年开展评估工作，评估大致以每年两次的频率进行，在评估过程中 20 家平台都汇聚到一个特定的地点，然后民政部门组织一批专家进行现场评审答辩。

当前的评估在一定程度上还比较初级，甚至带有一定的监管色彩。每家机构主要呈现平台最基本的信息，包括资金量、人次等等，这也成为衡量平台绩效的最主要标准，而平台在自身范围内的创新性举措、特有的运作技术与方法以及独特的社会贡献则通常会被无视。第一方面是由于评估时间短，每家机构 8＋8 分钟；第二方面是评估专家的专业水平参差不齐；第三方面，大家或许把这样的评估定位为按照传统意义上的检查来理解，自动进入"挑毛病"的倾向中。此外，一旦有评估专家对互联网平台的自主运作空间范围内的事务指手画脚，就会被视为有越权干预的

---

① 《中华人民共和国慈善法》第二十三条规定："慈善组织通过互联网开展公开募捐的，应当在国务院民政部门统一或者指定的慈善信息平台发布募捐信息。"

嫌疑。

当然，目前的政策体系并没有进入到完全监管的主导体系，其主要表现在：（1）民政部门的行动完全依据相关的法律法规，并没有明显地对平台进行越权干预；（2）对平台的一些具体工作，民政部门出台的是属于推荐性质的行业标准，而非法律规章；（3）民政部门对平台资格认定是开放的、分批次的，而并不打算作为一项稀缺资源；（4）民政部门对平台的评估也主要是关注其是否违规，结论也是合格与否；即便如此，其评估细节上仍有改进余地。

（二）两种模式不同的责任机制

监管模式和治理模式将产生两种不同的责任机制，前者产生的是一个无限责任的政府，而后者则能够实现各主体的自我负责。

早在 2011 年的《从政府公益到社会化公益》①中我们就曾分析过一种现象，同样是实现公共利益，由政府来做和由公益组织来做遵循两种截然不同的原则。简单来说，政府来做遵循的原则是"不能有一个坏的"，而公益组织遵循的原则是"只要有一个好的"。在绕口令式的判断背后其实蕴含着深层次的道理，在一个相同的领域（如教育），不同地方的政府部门都在运作，只要有一个地方的一个政府部门出现丑闻，那么整个政府部门在该领域（如教育领域）都要整体蒙羞。例如，某地救助机构出现了虐待儿童问题，就会带来主管儿童福利的整个民政系统遭受社会公众和媒体的质疑和指责。这其实就是政府的无限责任现象，政府为了做得好，为了不出问题，就需要保证每一个地方的每一个部门都要将事情做好。这就导致行政权力更加高度集中，以及自上而下的管控更加严格。

但在公益组织这里则是另一种情形。公益组织的数量和类型

---

① 赵荣，卢玮静，陶传进，赵小平. 从政府公益到社会化公益：巨灾后看到公民社会发育逻辑 [M].北京：社会科学文献出版社，2011.

更多，假如某一地有 N 家社会组织，它们可能由于处在初期阶段或者良莠不齐，但只要有一家做得好，那么就可以对它进行专门的资源递送，通过捐赠人的捐赠投票，政府给予政策倾斜、资源倾斜，从而让它快速成长。与此同时，只要标准明确，其他组织也会效仿，能力不足的组织向这一家优秀的组织取经学习，那些做得不好的组织要么被淘汰，要么就改变提升自己，这正是社会选择机制的具体运作形式及其所具有的独特力量。

需要说明的是，在社会化公益的初期阶段，社会公众未必能够明白这一道理，往往习惯于让政府作为唯一的主体来提供服务，于是也同样来看待公益组织，当公益组织中有一家出现问题时，社会公众便将其他的公益组织一并看待并认为"原来只认为政府不可信，没想到公益组织也不可信"。当然，随着公益组织的发展，公众的认识也在提升，大家逐渐认识到公益组织之间也是有差异的，各自是独立的法人、独立的责任主体，各自对自己的事情负责，需要区分开来看待。

那么在互联网公开募捐领域，也是遵循一样的道理。当一家平台出了问题，或者说是其不够优秀，就完全可以由捐赠人和公益组织等用相互"选择"来进行投票，进而实现优胜劣汰，这就是社会市场。在这个社会市场中，每个参与者都可以对自己的选择负责，并对其他主体进行独立问责。

从本质上看，社会选择类似于商品市场中的价值规律，属于一个完善的社会市场中天然具有主导地位的运作机制，并非传统意义上被大家理解的"监管手段"。所以，如果从结果出发去衡量的话，治理模式下的社会选择所能引导和达到的效果要远远超出监管的初衷。

（三）监管模式下的风险

监管模式下政府承担着无限的责任，生怕出现问题，于是不敢开放空间让更多的平台参与进来（当然目前也有起步初期本身存量较小的因素），结果我们便时刻遇到一个硬性挑战，即把互联网公开募捐信息平台资格当成稀缺资源。于是出现以下现象：

第一，平台资格变成稀缺资源后，众多的大型企业或者机构都把它本身当成是一份美誉，于是都来申请，导致这些申请者本身没有认识到平台深度运作的艰难之处，而仅把申请成功作为目标。即使当前政府相关部门在申请前不断告诉申请者这并不是"好事"，需要认识到未来的挑战和可能遇到的困难，让对方谨慎考虑明白，但仍然不能阻止人们前仆后继的争取。在获取资格之后，一些平台便将其作为"美誉"挂起，同时却保持低水平的运作，并没有真正承担起"美誉"应有的责任。

第二，当有些平台处于低水平运作状态时，一些评估专家便自认为应该指责他们："把这么稀缺的资源给你，你却如此廉价地利用。"于是他们就呼吁需要政府来将其"管"起来，包括在进行评审时理所当然地对平台的自主运作指手画脚，导致平台管理陷入全面监管的境地。当平台资格并不是一份稀缺资源，可以无限多，类似于成立一家企业时，我们可以把标准降得更低，于是指责自然就会消失，就如同我们无法指责一家小企业说"你为什么那么小、业务为什么不覆盖全国"，这是明显有些荒谬的，但类似于这样的指责却发生在平台的年度评估过程之中。

同时，那些自认为是获得了美誉度的机构，也将失去美誉的身份。而实际上当我们真正放开，将资格申请成为一件常态化的标准认定时（类似于注册一家企业），平台就开始真正往深处分化了。

第三，政府的全面监管，一方面加剧了政府负担，另一方面限制了政府在平台发展方面应该起到的引领作用。

确立底线规则以及引领，就相当于政府将自己的偏好也加入到社会选择的准市场体系之中，会影响市场方向，甚至引领市场运作，这有些类似于政府对市场领域的宏观调控作用，对不足之处进行纠偏以及对整体发展引领拔高。政府的引领作用在平台发育初期才是最关键的，但全面的监管体系会使得政府无法发挥其引领作用。

第四，平台数量的不足和全面的监管将进一步加剧人们对于每一家平台的期望，类似于人们会不由自主地要求每一家平台都应该做成全国性的，都需要不加区别地吸纳更多的项目，等等。这最终会限制平台本身的分化，导致平台出现趋同的现象。而事实上分化才是社会选择的基础，社会选择机制成活的关键在于有多元的类型可以供多方选择。没有合适的分化契机，很难让当前平台下的公益项目往高端走、往深处发展。分化这一积极行为产生的有效机制，在这里被限制了。

（四）治理模式下的优势

与监管模式相反的是，当政府把自身角色定位为"地板"，中间环节让各个主体自发行动时，便能形成一种由社会的自然选择产生的作用机制，实现捐赠人、平台、公募组织和公益组织之间自发地进行资源传递与对接，相对应的优势也将凸显出来：

第一，治理模式下，能够实现平台本身的定位。即让他们在内生的自我驱动下行动，而不是在政府的压力下运作。许多平台的发起运作方都是企业，且他们这一部门在企业中并不属于核心部门，在打压式的监管下，不少从业者们甚至开始对初心产生动摇或者是退缩不前。而治理模式下，大家都有一个相对自由发展的空间，能够结合自身企业的特长和优势，开始回归作为平台应有的价值并进行积极行动。在政府的恰当引领和多元开放的氛围下，可以形成一种激励式或奖励式的体系，进而带动平台士气提升，变成一种向着各种优质轨道竞争的积极状态。

第二，处于社会选择当中的平台会基于竞争的压力内生出自我提升的积极动力，从而实现资源配置效率的不断优化。这其中很重要的一个因素，便是社会选择机制真正地构造出一个优胜劣汰的过程：一些运作水平较低的平台即使符合基本规范，也可能因为缺乏竞争力而退出舞台。显然，社会选择构建出来的竞争关系和其导向的社会效果，要高出单纯的监管所能达到的水平。

第三，治理模式下，公益项目可以由低端向高端发育，从一个原点向体系化发育。政府全面监管下高层级的公益项目无法衍生，监管规则容易将"地板"当成"天花板"，于是限制了多元分化，也容易给机会主义制造空间。而现在政府放开或支持，则会产生出远远超过现有多元格局的局面，实现公益项目市场的繁荣。

二、三层级的格局：底线监管＋社会选择＋引领支持

当厘清社会选择作用的原理和政府在其中的角色后，我们便可以建构出一个三层级的格局，即底线监管—社会选择—引领支持（见图 8-1）。

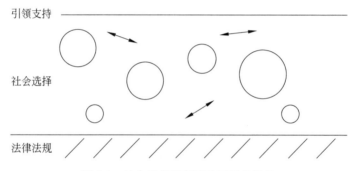

图 8-1　社会选择机制下的三层级格局

在这个格局中，法律法规的严格执行作为第一层次，起到最基础性的底线作用；社会选择的良好运转作为第二层次，成为促进平台优胜劣汰，并客观上实现更深层次社会监管的核心；政府一系列的引领支持，则构成对该体系全面支持与维护的第三层次。这三个层次环环相扣，有机互补，共同构建出一个更高效更合理的治理模式。

（一）底线监管的具体内容

底线监管最主要的是确定基本的运作规范，尤其是监管对象是否违背了公益属性，扰乱了公开募捐的"市场"。所以，底线监管通常是依据法律制定互联网募捐平台的基本运作规则，其背

后要遵守的原则性成分至少包括：

第一，任何选择行为都是公益性质的，它引向的最终目标是为解决社会问题、满足社会需求服务的。

第二，不能有欺诈行为。通常可通过增加信息的公开透明程度，使选择双方拥有同等的信息量以及增加对称程度等来避免；同时，当涉及互联网运作和公益项目运作中的专业化成分时，这部分内容很难在初始形态下实现信息对称，这时就可增加对专业内容的解读。

第三，保证选择过程中的程序公正，这需要一套合理而有效的规则体系。比如一个平台依据不同的标准将公益项目推送到不同的位置上，给予不同的流量资源，尽管这是互联网平台自身权限范围内的事，但仍需要遵循公正性原则，以避免在公益筹款的过程中损害公正感。

于是，政府在底线监管方面开展的行动可以包括：

一方面，在底线处的严格执法，起到识别鉴定作用，主要甄别平台是否真的在做公益，有没有夹杂违法内容，一旦发现就需要进入到严格执法的程序中。另一方面，维持基础法律实施顺畅平稳，在互联网公益发展初期就夯实底线监管的体系。底线监管也不是一蹴而就的，而是在互联网公益发展过程中，逐步探索发现法律法规适用与否，并积极建设起来的。

（二）政府促使中间社会选择机制的完善

法律之所以要退回最基本的底线，是为了在保障核心本质的同时，尽可能地让渡空间给社会化运作。社会化运作是一个动态的有机体系，其在发挥日常监管方面远比一部法律条文和几个政府部门来得灵活、有效。

当前互联网公益中的社会选择机制虽然已经初露端倪，但发展还十分不成熟，需要正确的引导与培养方可成活。对政府来说，要围绕社会选择机制去打造自己发挥作用的模式，在激活社会选择的目标下定位自己的功能和角色。结合之前对社会选择机制的论述，政府可以从以下几点着手，激活社会选择机制，并围绕其打造政府起作用的新模式：

1. 明确基本的准入标准和形成常态化的资格审批

社会选择机制得以形成的一个首要前提，便是拥有足够多数量的平台。只有数量足够多，才能够产生分化，降低资格的稀缺性，进而在各个领域内形成合理竞争的局面，各方才能够进行"选择"。

2. 政府不介入平台微观处具体的运作

在新的体系中，政府在非底线处的方面则应该尽量地减少规定和干预，让社会选择机制更多地发挥作用。这样既能够激发社会选择内生活力，也能够一改"一管就死，一放就乱"的局面。

3. 推行公开透明制度与社会对平台运作的知情了解

政府在要求平台进行相关内容公开透明的同时，还可以为平台主持搭建一个向社会公众提供公开信息的整体性权威窗口。这些信息将作为多方进行评价选择的重要内容，在社会选择机制的构建中会起到不可替代的作用。

4. 加强专业的第三方评估和支持机构参与

政府可以推动多元评估体系的建立，依靠独立、客观、专业的第三方评估组织对平台运作及其效果进行评估。同时，评估结果也应作为公开信息向社会公示，以促使包括公众在内的更多相关方更全面地了解平台，尤其是不同平台的独特性和价值，提高相关方的认识。

5. 建立面向社会公众的投诉接纳与调节机制

在社会选择机制中，社会公众与大众媒体的参与与监督是保障其健康运作的重要力量。公众的参与热情与媒体的专业调查相结合，将是一股强大而有效的社会监督力量。政府应高度重视这一渠道，并与之建立通畅的信息对接和反馈机制，使得社会公众的投诉能够准确快速地被接纳和确认，并将相关组织的调节和整顿情况及时反馈，从而在多个主体之间形成有效的良性互动。

（三）政府的引领支持作用

在平台发展的初期，在确立基本底线规则之上，政府对整个行业的引领支持作用便凸显出来了。除了促使社会选择机制完善的相关做法之外，还可能的做法包括：

第一，政府部门可以在高处叠加引领性的标准，例如鼓励平台的捐款向贫困地区的社会需求倾斜，鼓励平台更倾向于那些自下而上生长的，向规模或身份低微的组织倾斜，通过政策对平台产生有效的引领作用。

第二，政府也可以形成优秀平台与项目的展示示范机制，通过建立示范机制和沟通平台，促进平台之间的交流与成长，从而实现共生多赢。类似于政府组织互联网平台齐聚一堂的交流沟通会，可以进行多维度的优秀平台的示范或表彰，或是以官方身份为平台提供舆论支持，以便解决由企业发起成立的互联网公开募捐平台目前在各自的企业内部运作中作用力偏弱、影响力不足的问题。

第三，政府可以鼓励或促进更多中介服务组织的介入，包括能力建设、专业培训和机构评估等等。同时，政府应鼓励和引导平台领域内的行业自治，以促进组织间的交流与提升。

在社会选择机制成活和政府的引领支持下，对平台日常运作的监管可以退居到次要的位置，其原因就在于宏观的运作机制成熟之后，微观的管理运作已经进入到组织自身和社会的责任体系内，而不再是政府的主要职责。

（四）形成治理模式下新的责任体系格局

在三位一体的"监管—服务"体系之下，原先政府承担无限责任、平台出现问题归责于政府的局面被打破，取而代之的是一套全新的责任体系格局。

首先，平台作为独立方，不论是在法律意义上还是在现实意义上，都承担独立的完全责任。它的资格认定、日常运作和注销撤出都必须依照相关法律法规进行，一旦出现问题或丑闻，将由组织本身来担负解释义务并承担相应责任。

其次，在社会选择机制中，捐赠人等作为资源方，亲自参与到对各个平台和公益组织的选择当中来，这种参与也将带来责任的代入。同时，一些平台也积极主动地吸纳捐赠人的参与，试图建立捐赠人参与互动的体系，进而让大部分公众都成为其中的参与主体和责任人，从而进一步激发他们参与的深度、广度，最终让整个社会都成为责任的承担者。

最后，伴随着政府与平台的"脱离"，平台独立承担责任，政府则得到了"松绑"，不再承担原有的无限责任，在管理过程中也不再需要时刻担心出现问题。这并不意味着出现问题之后责任处于"真空状态"，而是政府转变成了追责或协助追责的机构，通过对法律法规的严格执行、社会选择机制的维护以及相关服务的提供，与社会公众一同来促进和监督。这样政府反而能够落实其在底线处应有的监管责任，并将全面监管责任更多地转变为服务和支持。

（五）现实情境：当前平台的成就已明显超出政府的预期

由于互联网募捐平台是新兴的，并且大规模地卷入了社会资源和公共舆论，因而这是政府监管意识丝毫不能松懈的领域，但越是在这种情况下越需要政府的监管与平台的社会化运作。针对已有的 20 家平台组织，政府相关管理部门每年都会举办一到两次针对平台运作的评估。评估在相当程度上具有监管的色彩，关注的内容包括平台是否有合法的资格、是否发生了丑闻、公布的项目是否如期更换、平台上的一些说法是否准确，以及到底筹到了多少钱、团队是否有专业资质、项目上线募款和捐款的入口是否便利等等。

这些问题固然是重要的，相当于是政府确立的底线规则，在此之上才能进入到社会化运作；但过度强调此类问题又是危险的，其主要原因包括两个方面：第一，在上述政府评估关注的问题中，有一些成分根本不属于底线监管的范畴，而属于平台组织自主运作的范围。我们应该支持组织的依法自主运作以及支持社会选择机制的有效运转，而不是将功能的实现一概归为政府监管范畴内的事。

第二，平台所取得的成就已经远远超出了政府能关注到的视野范畴。例如，有的平台组织在服务公众捐赠人方面已经积累出了一套卓有成效的做法，这些做法只有通过深度对话或调研才能梳理清楚并表达出来；再如，有的平台组织已经在公益项目方面实现从基础慈善到乡村振兴发展这一由低到高层次的逐步展开，恰如在春季里的一片黄土地上播下种子，等待这里有序成长起来，最终形成一片公益的生态；还有的平台组织在引导公益链条的上下游形成一套有序的规则体系方面作出了令人欣喜的贡献，更有平台组织在引导公益组织朝向更有效地解决社会问题方面作出了更大的贡献。

正因如此，当政府的监管或评估忽略了平台的独立运作空间，过重地强调自己视野中所观察到的规范性问题时，就会自觉或不自觉地严重扼杀平台自身的创造力和价值贡献点。当然，我们依然更愿意从积极的角度来观察，当政府既能保障底线又能容许平台朝向社会化方向运作时，就会看到一只"看不见的手"在发挥作用，由此所带来的价值将远远超出改善一些规范性的小细节所能带来的收益。

第九章　社会选择机制
的建构

　　我们正处于一个互联网募捐平台社会选择机制的建构初期，一个基础性的背景是互联网募捐平台刚刚形成，从最初的 13 家到今天仅有的 20 家，互联网募捐平台、公益组织、捐赠人及受益人的相互对接也处于最初的试运行期或尝试互动期，而政府也是在这同样的一个时间起点介入对该领域的管理、服务与支持工作，因此这是一个整体机制的系统建构，需要追溯和记录它由无到有的整个变化过程。

一、从政府监管模式说起

（一）政府监管的三层级格局

　　社会选择机制的起点是在政府建构出来的

三层级空间之中，即首先将政府底线监管角色界定清晰。之后，社会力量才有机会切入进来，形成前文提到的"底线监管＋社会选择＋引领支持"的格局。在这个格局中，底部的底线监管类似于薄薄的一层地毯，而顶部的一层是政府的引领支持，中间的广大地带是社会选择，由平台依法进行自主运作，各类主体进行自由选择交换。

在行业发展的初期，一个新兴领域的兴起需要政府投入无限的关注，从起点处将该领域引向一个健康发展的轨道。社会选择机制的建构起点也需界定政府的角色，并且在初期进行有效的行业引导。

（二）及格线原则

1. 含义

及格线与优秀线是两个完全不同的标准，在实际运作中也发挥出完全不同的效果。及格线意味着平台做到了合法合规，达到了基本要求，因此具备了生存的合法性，同时也拥有了运作的自由选择空间。而在 60 分之上，从 60 分到 100 分这一段距离该怎样走、如何获得，则是平台自由选择空间以及自主决策的范围。基于计划经济时代的惯性，我们经常会把及格线上移为优秀线，即从 60 分到 100 分这段区间也是应该管控的范围，例如跨过及格线去质疑平台为何没有做到更优秀，尤其是当行政权力与专业权力（专家为代表）合二为一时，便更有理由、有信心来做出这样一种以优秀线为原则的质问。

2. 及格线以上的监管

原本位于 60 分到 100 分之间的区段是属于平台自主运作的范围，本不属于底线监管范围，却是经常遭受政府评审或行业专家质疑的内容。例如，每年政府在进行平台监管时，用筹款量来评价各个平台的运作情况；质疑平台的服务覆盖范围不够广等。这就是一种将及格线变相转化为优秀线的做法。在这种做法中，它运用的标准的确是及格线，即政府的底线监管，所依据的也是法律法规，但在实际操作中往往把这一部分内容默认为是判别平台运作优劣与否的全部标准。

在这种逻辑下可能会采取的做法包括：第一，加大监管的力度，如日常的跟踪式监管，以及委托第三方来进行跟踪式监管。第二，每年组织多次的汇总式评估，再由专家依据单一标准进行质询、点评，给其以特定的分数。第三，把法律法规中规定的内容向着微观细节无限地细化扩展，以至于监管的体系本身不再是针对一个基础性依法依规的问题，而直接变成了一个事无巨细、没完没了地寻找漏洞的过程。于是就进入到了一个可以将无限多的精力和投入全部消耗在规则黑洞①里，也可以理解为"内卷"化。而这样的做法产生的结果是，平台只会在这样一份充满着压力和紧张氛围的监管体系中战战兢兢，以至于无暇顾及自主创新、服务客户的部分，最后让底线监管的基本职责发生了扭曲。本来这是一份地毯效应，结果却让本应该在地毯上进行舞蹈的专业工作者最后变成了一个地毯编制工。

3. 现实：二者之间的折中

在现实中上述极端情形通常并不多见，我们将其极端化，是想更突出问题的严重性，让人印象深刻，但现实情况经常是多种情形的混合。首先，不管监管多么细密，它一定会给平台及其上的各类主体以特定的自主运作空间；其次，即便是严苛的监管，通常也包含两种不同理解的混合，一种是把及格线换成优秀线，另一种则是将及格线做成了优秀线。当然，或许还有第三种情形，即以及格线为载体，又添加了很多及格线之外的成分，然后在依据及格线进行监管时，将及格线之上的那些要求加诸于具体运作层面，产生了过度监管的局面。

---

① 这里的"黑洞"是指天文学里的"黑洞"，它具有无限的吸力，能把一切掠过它的物体包括光全部吸纳进去。

（三）在及格线之上的空间

1. 自由运作中的效率与效果

当社会选择机制自由自主运作时，众多组织就可以基于自己的内在动力和相互选择逐渐形成万马奔腾的局面，由此产生位于 60 分到 100 分那段距离上的效果。这段效果是令人吃惊的，虽然从分数的比例上它仅占 2/5，但或许我们应该这样理解，60 分相当于起点，60 分到 100 分这里的成效才是我们真正需要的奇迹和令人吃惊的地方，其丰富性和令人深刻之处都来自这里。在本书的第一部分我们便看到诸多平台能产生的创造性业绩和独特的社会价值贡献。

回归到理论思考中我们发现，当互联网募捐平台及其他主体依照自己内在的动机去追求他们期待的目标，最后践行出的就是所谓的社会科学第一定律：每一个人都在追求自己的私人利益时，社会利益达到最大化。这就是亚当·斯密在《国富论》中所得出的著名论断。只是在这里"每一个人的私人利益"并非他的真正私人利益，而是他去追求社会公益那样的一份内在需求，一种不同于政府公共组织的"私人"的自我表达。

2. 政府可以因势利导

当然政府可以在此基础上加以引导和运用，甚至进行积极性支持。在一个行业发展的初期，政府的引导和支持尤为关键。如某年政府在对平台的评估中就设置了一个引导性标准，鼓励平台与更多的小公益组织合作，而不是与大型的官方组织合作，鼓励大家支持西部地区的发展而不一定将资源全部聚集在东部。再如在社会中已经颇有影响力的"中华慈善奖"也可以向互联网募捐平台开放，提高平台的积极性。实际上以互联网募捐平台为核心的社会选择体系已经如同一棵有机生长的大树，它有根系、有树干、有向上成长的枝叶，政府可以在树上进行装饰和调整，挂上彩灯、进行嫁接，还可以为树木进行施肥浇水、调节温度等，这一切内容就像是政府角色在三层级格局中最顶部的表现。

二、社会选择机制的失灵

（一）即便放开社会选择市场，仍然可能会出现问题

依照上述政府监管三层级模型运作，社会选择体系的确会高效运作，但也会有自身内在的缺陷，可以用一个词语概括性地、简明扼要地来描述，那便是——"市场失灵"。

在商业市场中"市场失灵"的根源可以来自交易双方的信息不对称，可以来自交易的物品能够产生正负两个方面的外部性，还可以是根源于这种物品既具有私人物品性质又具有公共物品性质，甚至后者更为偏重，因此导致纯粹的交易无法完成。在互联网募捐平台的市场化运作体系中也都存在着这样一些情形，因此，需要确认政府监管的具体内容，以及政府干预与平台运作的边界。而这一点就像市场体系中决定市场和政府各自行为的张力。

于是，类似于市场经济，这里也需要确认政府监管的具体内容，需要确认政府与平台的功能边界，这一点正是市场体系中决定市场可以做什么、政府可以做什么的一份张力。

当然这是一种静态结构关系考察的视角，但在此之外我们还想从动态的视角来考察，即在社会选择机制发育的初期，该体系中不仅需要这些交易方，还需要一些中介方，类似于商业市场中的市场鉴证类机构。正是它们的存在，才让市场体系趋于流畅运作。

例如经济市场中的会计师事务所的角色。1997年党的十五大以来，人们开始认识到：发展会计师事务所是为社会主义市场经济奠基，发展会计师事务所是实现政府职能转换、构建市场经济机制、重新调整社会分工和促进国家政治体制改革的一个重要步骤。会计师事务所是连接政府和企业的桥梁、是所有者和经营者之间的纽带，独立于政府和企业之外，不以盈利为首要目标，具有法定社会职能的第三人。它一方面担负着塑造市场经济微观

主体的责任，规范企业经营活动的重任；另一方面又是国家对社会经济进行宏观调控的具体执行者。而为鼓励中国会计师事务所发展，我国政府先后发布实施了《关于推动事务所做大做强的意见》《事务所内部治理指南》《关于支持会计师事务所扩大服务出口的若干意见》等若干政策，为会计师事务所的发展创造了良好的外部环境。[①]

（二）平台自身对自己的认知也会存在缺失

平台对自己的认知，也会存在着巨大的盲区。例如，不同平台聚拢时，他们都会进行明里暗里的比较，希望自己能够拥有更多的荣光。有趣的是，在社会化运作体系中的几乎唯一的依据就是筹款量，再一个可能是捐赠人次。在这一维度上腾讯公益具有无可比拟的优势。但对于平台来说，除了资金量这个标准外还可以有其他方面，如平台如何对待捐赠人、如何在公益组织和平台相互之间建构信任关系、如何精准选择更专业的公益项目等。

然而，对于众多平台而言，他们有时甚至不知道在这些方面的优劣差异是至关重要的，更不知道该怎样判断自身在这些方面做得优劣与否。如果连平台自身都没有这一视角，看不清自身的独特价值，那么负责监管的政府就更难拥有这一视角，于是如何有效监管就成了一个难题。如果政府都未必有这一视角，那么社会中的捐赠人在选择平台时，则更难普遍性地拥有这一视角。这就意味着在平台和捐赠人、平台和公益组织等相互选择的彼此之间存在着严重的信息不对称现象，这是市场失灵或市场欠缺的重要表现。

（三）长交易链条下信任关系难以保证

捐赠人从平台上捐赠一笔资金，资金通过平台快速进入到公益组织（可能存在着从公募机构到小公益组织的链条），公益组织进行公益项目运作，让受益人受益。在这样一个长链条下，首

---

① 基于百度百科"会计师事务所"关于其发展地位作用的介绍整理。

础的散财阶段和流程化公共服务的阶段,对于深度社会结构的建构、人的深度改变、社会治理体系建构、社会创新的理解相对比较困难,这就使得平台上的公益项目从 2015 年到 2020 年期间在整体专业性层面并没有因为公益资源的增长而明显提升。

另外,国内的公益组织平均年龄特别年轻,整个行业也刚刚起步,他们面临制度、资源、技术的约束,无论是《慈善法》颁布之前还是之后,制度环境一直在快速变化着,技术和资源的约束也很多,使得整个后半端面临巨大的挑战。

第一个风险,不平衡的发展格局。公益组织普遍越来越重视捐赠人这一端,受益人的分量在这个体系相对比较轻。第二个风险,由于社会不知情和社会选择体系捐赠人和受益人整个链条的贯穿存在难度,导致巨大的信息不对称和相互理解的不对称,比如捐赠人认为是在做好事,事实上对受益人却不尽然。第三个风险,不成熟的多方主体和整体的专业性不足。产生的风险是出现过度在意捐赠数额的增长与项目多停留在低端层面的竞争的情况,比如有的项目存在着贫困群体标签化以及各种各样的专业性方面的风险。

(五)不同落脚点的媒体与发展初期的社会选择体系

1. 当前媒体监督的"放大+连坐"效应

一个成熟的社会选择体系不能缺乏媒体监督,但在当前的格局下,媒体监督却不一定能够起到理想化的作用。在当下炙手可热的互联网公益行动中,任意一个不规范的行为、财务差错都可以做出放大式的解读,从而引起捐赠人、受益人和整个社会公众的巨大动荡,并且往往"连坐"到整个公益行业。尤其在当下社会化的信任体系尚不健全,公益与道德的制高点相当程度挂钩的情况下,这样一种借助于媒体而产生的"点燃"作用可能会产生推波助澜式的作用。

2. 媒体的三种不同落脚点

第一种,媒体落脚于政府,即所谓的官媒。这时媒体发出的声音与政府的意见高度一致，但是它们所发出来的声音往往缺少社会公众的心声，也缺乏社会化的监督。这在我们国家计划经济的时代较为常见，而如今已经得到较大改变。

第二种，媒体落脚于社会选择。实际上从本质而言，媒体和公众舆论的监督都有利于社会选择机制的完善，正是因为有无数双眼睛起着维护秩序性的监督作用，才能让社会选择更加规范和完善。于是，我们的初步判断是，当有一个基本的社会选择体系在正常运转之时，当公众的信任有了最初的奠基之时，那么在这种选择基础之上，需要再借助外界各种媒体力量、公众力量的监督，可以使得社会选择机制更健全、更良好地运作。

第三种，媒体落脚于自身的私人利益。在整个社会选择的概念还没有建立起来的当下，媒体舆论文化可以有另外一种完全不同的动机。例如，大多数人并没有意识到一家公益组织做得不好并不代表所有公益组织都做得不好，而只代表它自身做得差；大多数人也没有意识到作为捐赠人应该学会选择，尤其是理性选择，从而让那些好的组织能够更快地成长壮大，让那些坏的组织因得不到资源而死亡。因此，在当前这种社会选择机制还未建立起来的情形下，实际上为媒体的任意发挥留下了巨大的空间。结果便是，媒体不仅可以起到监督作用，还可以起到借助于误导公众而获取自身利益的作用，尤其是对公众话语权的操控。

当媒体向这样一些不知情的公众抛出一个有关公益领域里的丑闻时，所引起的公众义愤会形成一波又一波的人浪。这意味着这份爆料产生了"价值"。由于当前公益领域较为脆弱、缺乏信任机制，以及人们容易从道德制高点去要求公益，简而言之这是一份资源，这份资源会吸引更多投机者进入，不管他们是出于正义感还是私益心，都可以介入。他们只要抛出一份信息，就会自动引起"公益不允许有问题"的人浪，尤其是站在道德制高点引发的愤怒。只需要抓住一些类似于运作不规范或像财务差错这样一些细节问题就可以将之放大，利用公众信息缺乏、背景知识缺乏的现状制造出"名利双收"的媒体效应。

将以上三种情况归总，能够看到媒体可以建立在三种完全不同的根源上。第一种是建立在官方的政府体系下；第二种是建立在社会公众自主主导并且有秩序的、有信任关系的社会选择机制之上；第三种则是飘浮在空中，建立在纯媒体的根基之上，在这里媒体以自我为中心，不需要考虑真正的公众利益，他们只需要考虑自己的媒体效应。

显然，目前缺乏的是促进社会选择机制成熟的良性媒体运作机制，而更有空间的是浮在半空中的以"揭丑放大继而谋利"的媒体机制。如果处于这种情形下，社会选择机制不仅得不到支持，反而会被破坏。这是一种社会选择机制失灵的情况，也是我们最常遇到和破坏力最大的情况。

（六）一幅综合景观

以上举出了平台在社会选择机制领域"市场失灵"的几种典型情形。最终，在社会选择机制发展的初期，可能会出现和我们在上一章节中看到互联网带给公益美好未来的不同格局（见图9-2）：

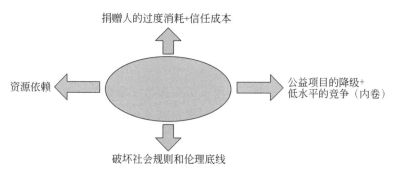

图9-2　社会选择领域"市场失灵"出现的典型情形

在资源端，产生资源依赖的现象，机构在尚未建立自身专业体系的阶段就搭上了互联网的便车，互联网募捐平台提供流量、资源和管理工具，公益组织自然而然就开始跟着互联网募捐平台的规则行动，进而产生对互联网资源的依赖。

　　对应在项目端，由于当前多数公众对公益慈善的理解还处于朴素的认知阶段，助学、扶贫、大病救助这类项目就更容易进入公众视野，容易得到互联网募捐平台的挑选和流量推荐，继而使得项目降级，产生低水平层面的竞争。在互联网公益发展的初期，在许多平台上，公益组织的竞争主要还是在筹款端，而不是项目端。类似于阿里巴巴公益的"公益宝贝"这样能够进行项目端竞争的平台在发展初期较为稀缺。

　　捐赠人端，有的公益机构连续多年一直采用"社群杀熟"的方式在平台筹款，仍然停留于相对固定的圈层，每年就在这个圈层里不断地去动员捐款、"杀熟"。当机构过于依赖这种集中动员式的筹款行动，反而会影响机构筹款的可持续发展。而相比于在收到劝募信息后碍于人情的单次捐款，更可持续的捐赠来自捐赠人对公益机构的了解和信任，如果无法建立起这种良好的连接和信任关系，就难以得到长期稳定的支持，久而久之进一步加剧信任成本。

　　在社会规则和伦理底线层面，也可能出现一些破坏性的行为，例如套捐现象屡禁不止、项目筹款文案抄袭等现象。当公益组织出现这种行为时，往往会以"我的最终目的是为了公益"来占据道德高地，理所当然地跌破底线，这种破坏社会规则和伦理底线的行为捆绑上了公益，对公益本身和社会都是巨大的伤害。

　　在商业领域，一旦遇到市场失灵，容易想到的是政府介入，其中政府与市场之间既存在一种拉锯战式的张力，又是一种互相补位的合作关系。但是商业领域里的这种结论目前还很难推广到互联网公益领域，其原因就在于互联网募捐平台这种社会选择的失灵并不属于该领域里的固有缺陷，而是与该领域发展阶段尚属初期有关。

　　更具体地说，当前在互联网公益发育的初期，"市场"中的一些关键部件还没有发育出来，类似于会计师事务所这样一种市场中介、市场鉴证类机构会晚于平台主体本身而出现，至少迄今为止尚未见到成熟的专业化中介组织体系。因此，正确的做法是推动这类中介组织、鉴证机构的发育，而不是让政府承担主体责任。一旦过多地诉诸政府，政府位置将固化而不是逐渐退出，其对未来该领域的健康发展并没有好处。

当互联网公益领域发展初期出现这些现象时，我们或许有时候会陷入深深的担忧，但这并不是我们要求政府加大监管的立足点，否则将又会陷入"一管就死、一放就乱"的循环之中。在社会选择机制发育的起点处，我们或许可以适度容忍并理解这样的"失灵"情况出现，这也是社会市场在逐步繁荣过程之中的一种阶段性现象。

这也不意味着我们只能等待社会选择市场的完善，一味等待属于"坐以待毙"。如果仅仅是等待的话，并不一定能等到情况逐渐好转。所以，需要的是积极的行动改变，逐步将领域中积极的、正向的因素扩大，从而进入到正向的循环体系之中。其中，行动的第一步就是对当前的现状和理想的社会选择机制有一个清晰的认识，在接下来便应该积极推动整个领域各个组成部分的发育完善。

三、专业权力的介入

这种情况下，一种市场中介类的、鉴证类的机构浮出水面。我们将其称作是专业权力的拥有者，并在此对它们发挥作用的原理与机制加以具体表达。

（一）专业权力的作用分析

1. 依靠专业权力解决信任链条问题

上文所谈到的社会选择机制失灵的诸多问题，可以通过专业权力的引入得到缓解乃至解决。首先是捐赠人—受益人这一个长链条上各个环节之间的信任问题，该问题可以通过一个专业化的第三方机构的评估加以解决。从其定位上，这种第三方机构相当于捐赠人或平台委托的一个机构，他们负责对资金使用的可信度、是否使用到位以及所产生的社会效果进行评价。

除了第三方机构之外，平台本身也在试图解决这样一个信任链条的建构问题，它们可以将更多的信息纳入到平台之上，将更多的信息递送到不同的用户手中，让公众选择和判断；还可以借助于数字化的发展及区块链技术，将公益项目的运作痕迹更系统、更完整、更真实地保存，这一切都会让信用体系建设有新的潜力空间。尤其是当下可视化技术的出现，甚至可以让捐赠人通过直播、视频等形式直接看到千里之外的公益项目运作方在做什么，从而判断所提供的服务是否是受益人所需要的，以及是否是捐赠人想捐助的内容等。的确，这样一种纯粹技术手段的发育以及平台本身更多的努力工作，会让信用体系得到大大的改善，在一些基础性的方面不再需要第三方评估机构的介入，这在相当程度上也会让复杂的事情简单化，使得运作成本降低。

2. 依靠专业权力解决信息不对称问题

前文提及，当前平台自身都未意识到其各自的优势是什么，虽如此，专业权力机构却需要知道这一点。专业权力机构不仅可以鉴别出更具专业含量的公益项目，还可以将在其他方面具有自身特色与亮点的优秀做法鉴别出来，呈现于公众。这些优秀的做法如：平台对捐赠人负责，在捐赠人服务这一方面有着更出色的做法，而由这样一种做法入手，不仅可以增加彼此的信任关系，还可以促使捐赠人更简易地参与以及参与之后更深度地认识公益项目。达到这样的层次以后，平台就可以起到影响捐赠人的效果，让他们通过捐赠体会到参与公益捐赠的乐趣，认识到公益项目运作的实质，而且随着时间的增长和参与的加深，他们愿意将平台作为自身发展或实现价值的渠道。

再如，有的平台在系统化解决社会问题方面独有建树。它们可能会从一些最容易引起捐款的事情入手，如从大病救助或基本的救急救难开始，逐渐进入到当地社会公众自我组织的建设以及社会治理体系的整体发育方向去，从而独具特色。

除此之外，在互联网募捐平台和公益组织之间，以及其他呈两两互动的主体之间，都存在互动过程中的规则问题。如果一个平台运作得好，则会将人们引入到良好的遵守规则轨道，产生契约精神；反之则会让人们产生不公正感，在获得资源的同时，内心遭受伤害。而专业权力机构可以将其识别出来，将其贡献呈现于整个社会及相关方。

一旦通过专业权力机构解决这一问题，不仅可以让平台更自信于自己的价值贡献，还能让与平台互动的人认识到他们自身所存在的问题，解决信息不对称问题。当然这样一个视角也可以反过来看，如果平台在某些方面有不尽人意之处，也会被专业权力机构呈现出的特定鉴别信息比照出来。

3. 专业权力促使行业朝向专业方向发展

第三方机构还有很多用武之地，尤其是更为复杂的公益项目方面，进而促使公益项目从解决社会问题的低技术水平向高技术水平发展。在某种意义上，这是对那些致力于更有效解决社会问题的长远项目的认可，也是对那些更愿意选择这类高技术含量项目平台的认可，这有助于推动整个互联网募捐平台领域从低端而朴素的眼泪指数高的公益项目，向着更有专业性、更有深层社会绩效的公益项目转移或提升。

4. 专业权力有助于解决投机型媒体的介入

媒体方面所存在的问题也可以通过专业权力机构得到缓解。一方面，当媒体所暴露的问题是真问题时，专业机构可以进入，将问题落地深化，在确认它们是否属于真实问题之后，还可以致力于解决它；与此同时如果媒体揭示的问题只是一种假象或者甚至媒体的用意是出于其私人利益引起公愤而不是真正的社会利益时，那么借助于第三方的介入可以让事实的真相水落石出。

当下有关公益的媒体热点问题的确可以起到监督公益组织运作的作用，但是，这一场所也容易成为机会主义的生存空间。实际上，只要有人愿意去核正关注背后真相，就会将公益领域里一些更为真实的情况揭示出来并呈现给大众。这是揭示公益领域真相的一种更为可靠的做法。例如，那些所谓"打黑人士"，即揭露举报真相者，常给人们制造出一种错觉，以为所揭露出的事实是一个"大大的黑箱"，这个事件从来没有人监管，政府也不监督，公众也没有权限监督。这类事件偶尔会被一些所谓正义而勇敢的"打黑人士"深入虎穴挖出来，然后通过媒体进行爆料。他们认为这是让丑陋曝光的唯一通道，只有这样才能引起关注，才能被监督。

但现实情况并不是如此。一些著名的公益品牌项目，比如"免费午餐"，它们每年筹集数千万元，年复一年地运作，在如此巨大的资金量和运作量之下，并没有在当下媒体如此无孔不入的监督力度下出现严重或明显的问题，这足以说明它们是能经受得住考验的。至少这样一大群捐赠人愿意持续地捐赠，间接地表明他们与该项目已经有了相当程度的信任关系。可是，此类真实的情形很难进入到普通公众的视野，除非公众自己亲身参与到项目的捐赠等活动之中。

即便是一家公益组织真的存在问题，专业化的权力机构也应该提供更为真实恰当的判断与合理的揭示方法，给公众一个负责任的交代。其原因不仅是因为这样的机构更专业，还因为它们在其中不需要博取媒体热度，也不需要因此赚取自己的利益。专业机构都需要对自己的长久利益负责，而不像媒体追热点那样可以随时转换，下一个热点来了，就无需对上一个热点负责。所以，一旦专业权力发育出来，让它们与媒体力量一同发挥作用，则是一种完全不同的格局。那时媒体力量会显得更为积极。

（二）看待专业权力的理论视角

1. 专业权力的含义

传统意义上专业权力的核心含义过去是指通过行政权力加以判别或管控的地方，而当下转化为通过第三方、相关专业的专家队伍来进行判断、定级、得出结论，因此它相当于行政权力职能转移的一个最关键出口。

陶传进在《专业权力的逻辑及其应用问题》中提出专业权力[①]是指依据专业性而非行政权力在社会自主运作领域里实施的诸如组织与项目评估审计等职能的权力。但其中的权力效应需要限制在结果优劣的判断与使用上，并且需要以被评估方的社会选择为基础。

专业权力包含了两个核心要点：第一是非强制性。与通常理解的行政权力不同，尤其典型的是专业权力机构与其鉴别、评估或服务对象之间不再是强制和被强制的关系，而是自愿选择的关系。第二是结论的权威性。虽然过程是非强制的，但是结论却具有某种判断的性质，一旦得出结论，那么它便不可以随意改动，并且可以在多种场所被管理方、选择方所使用，作为自己行为的依据。

2. 专业权力的存在方式

专业权力通常是一个特定的第三方机构所拥有的。该机构拥有独立的法人，因此它们对自己的行为负责，它们拥有特定的专业性，这正是为什么选择它们作为专业权力方的依据所在。换言之，在这里通过专业性的队伍取代了行政体系中的队伍，依据专业能力的提升而不再需要行政权力的赋予，专业权力机构需要对自己所得出来的结论负责，并且依据这样一个过程获得外界对它们的信任或不信任。最终有的专业机构发展越来越壮大，而有的则是走向萎缩。

这便意味着专业机构需要对它们自身的发展前景负责，需要通过自身在社会中的可靠性与专业性来获得公众对它们的认可，这也意味着它们所得出的结论是基于中立的立场，而不能以此作为交换物而为自身牟利，这样才会与行政体系中经常容易产生寻租和腐败现象的情形有所差异。

综上所述，第三方机构的特点是独立性、客观中立性、科学

---

① 陶传进，朱卫国. 专业权力的逻辑及其应用问题［J］. 中国非营利评论，2018（1）.

专业性。当然，这只是其一种理想的运作模式，而当它们偏离应有的运作模式时，政府部门同样有对它们进行选择、取缔和监管的权限。

3. 专业权力的运作方式

专业权力的运作方式与行政体系的运作方式也有所差异，它们不是通常的管控，而是将获得的特定鉴证结论放到社会选择市场中，以供大家在做选择时参考使用。这样一种特定鉴证结论可以是评估的结论，可以是和商业市场领域一样的财务审计，还可以是一些专业视角下挖掘出来的事实呈现。

它们可以在社会运作中随机展示自己的作用，还可以建构一个特定的展示平台，将相关的信息系统化地在上面呈现出来，让人们可以随时到其展示平台上获取对自己有用的信息。

（三）专业权力机构运作中所遵循的原则

1. 定位于服务者的角色

首先要强调的是专业权力机构一定是服务者的角色定位，而不是让它们重新摇身一变演化为"二政府"的角色，我们之所以从行政权力转化为专业权力，其根本目的就是要实现其服务者角色的定位。

从宏观体系来看，专业权力机构要服务于社会选择机制，要让这种机制逐渐健全起来；从微观角度而言，它们要服务于被评估、被鉴别的机构，还要服务于委托它们进行专业权力运作的政府。

2. 通过制度保障其服务者的角色

将专业权力机构定位于服务者的角色，不能指望通过道德来赋予，也不能停留在期待层面，而是需要借助于制度化保障或运作机制提供根本保障。首先，它们的角色定位是依据相应的法律法规或政策文件而获得的合法身份，但在此过程中政府绝不是将一种权力完完整整地转移给一个第三方机构，而是转移给一类第三方机构，这类机构之间存在相互竞争的关系。其次，专业权力机构也是"选择市场"的一员。它们是被政府和相关方所选择出来的，同时，它们的权力源于自身的专业性，从而被遴选、被认可。例如，在政府购买服务中引入专业权力机构，政府在其自身的运作中为了完成自己的使命目标，总是依据优胜劣汰的原则来选择合作的组织，并且在不同场所、不同时间段里完全可以选择不同的机构。

3. 通过选择原则而保障其服务者的角色

我们也不排除其中有一家或少数几家第三方机构异军突起，这并不是一种坏现象，而是一种好现象。但在这时我们要十分关注其背后的机制，即这些先行者们考虑的不是当下而是未来，它们要捷足先登，占据有利位置，它们为未来长久的竞争关系中自己能够胜出而努力，在当下它们注重为未来建构公信力。所以即便它们属于少数几家或一家，却不会在短暂的时间点上演化为"二政府"。

依据中国传统文化的人际关系特点，我们也丝毫不怀疑这里会夹杂着大量的人际关系因素，从而使选择并不是真正意义上的优胜劣汰。虽然这难以避免，但其中令人乐观之处在于，其中一些有长远战略眼光的第三方机构会逐渐用自己的能力说话，用专业能力来取代关系，并以此来显示自己的存在感。

在对第三方机构选择的过程中，随着胜任能力以及胜任程度强的组织的比例增加，凭借真实能力而产生的优胜劣汰作用会逐渐取代依据人际关系这一标准。第三方机构与被评估对象之间的关系同样是社会选择关系，即作为一个基础性的公益运作组织或互联网募捐平台或其他几类选择主体，它们都可以自主自愿选择自己中意的第三方机构，而政府负责在这种选择关系中建立底线原则。这种自主选择关系的目标是力求保证以下三点：第一，被评估机构会优先选择那些更具公信力、更具专业能力的专业权力机构；第二，专业权力机构在此过程中不因为相互选择关系而丢失自己的公正感；第三，专业权力机构因为选择而将自己根深蒂固地定位于服务者的角色上。

（四）区别伪专业权力机构

这里需要对专业权力机构做单独的梳理，并不是第三方机构就一定能够成为专业权力机构。专业权力机构的专业权力来源并不在于其身份上是第三方，而是其发挥作用的方式是基于专业能力的介入，以及能够承担或者胜任体系中专业鉴别或支持的作用，从而最终能和行政权力形成配合。

如果仅仅身份上是第三方，并没有专业能力嵌入，则无法发挥专业权力应有的作用。其中可能存在的风险是，当"伪专业权力机构"介入时并没有真正提供专业上的鉴证与支持，从而只能沿用传统行政权力的方式，沦为"二政府"。这里还可能存在新的寻租空间。

虽然"伪专业权力机构"的角色相对政府而言是独立的，但它们会将自身界定为公共权力的代理人，可能出现的具体表现有：（1）管控者角色远大于支持者角色，第三方运作简化为第三方管控，即集中在规范性层面纠错，对机构的支持不足，工作方式以要求机构上报工作计划和总结为主；（2）在姿态上，将自己设定为"高人一等"的管控者，主动了解社会组织需求和困难的行动较少，沟通方式主要以通知和报表为主；（3）没有承担起第三方的专业责任，不能做到作为独立主体发挥作用。

（五）走向理想模式的困境

1. 无限责任的政府

上文已经勾勒清楚社会选择机制应该是什么样之后，按理讲，我们朝这一理想目标的努力已经没有太大的障碍，接下来便是"逢山开路、遇水搭桥"。但现实情况并非尽然，其中一个核心障碍是，传统政府相应的管理部门已经被置于一个无限责任承担者的角色上。

无限责任是指在相应的管理领域，对此归口管理的政府部门需要对所有的问题负责，需要对所有的风险负责。在理想情况下，我们只有承担一定的风险，才能容许有创新的空间，才能让事情向前发展，但是在监管模式的思路下，则被认为当下已经是最理想状态，最核心关注点是"不要出问题，不要有人偏离这种理想状态"，一旦出现问题，便会归咎于是偏离这种理想状态而引起的。事实上政府当下的首要任务是放手，让社会选择机制发育起来，让互联网公益中的四类主体都拥有充分的自主自由空间，让它们学习相互选择；与此同时随着领域发展，让专业化的第三方机构也逐渐成长起来，并且给其发挥作用和获得相应资源的空间。

一步步地发展下去，我们就将看到一个社会选择体系从无到有，从不完善到完善，慢慢建构起来。过程之中的问题不可避免，但如果要推着它向前走，每一个时间点上我们都会冒着一份风险。这是因为尚不完美的机制被放手自主运作时一定会产生许多问题，这些问题不是政府的不作为问题，也不是政府玩忽职守的问题，而是政府沿着正确的方向去推动社会向前发展所造成的风险。但如果我们回归到无限责任的逻辑体系下，对事情的解读则会变成完全不同的模样。

对于政府为什么需要冒这样一份风险，我们也可以做一番类似于经济学方面的分析。首先，就收益而言，一旦政府给四类主体以足够的空间，它们会依据自己的动力运作，之后仅就互联网平台本身就可以产生我们在此前分析中得出的那四份效果，包括：巨大的资金量，公益组织和平台之间的规则关系与契约意识慢慢呈上升的趋势，有些平台对待捐赠人的做法已经颇为有效并展示出了可示范的优势，公益项目本身从基础层级向高端层级演进、由单个的零散项目向体系化的社会发展转化。所有这一切是期待之中的，又已经看出它们明显的成长趋势和收获的明显社会效果被大家看到了。

其次，就付出的成本而言，这个成本就是一些平台或公益组织不规范运作带来的问题，相应的公益链条上有许多不妥之处，信任关系没有彻底建立起来，捐赠人或公益组织和受益人都有可能遭受一定程度的伤害。

将成本与收益呈现出来之后，一个恰当的做法就是将二者确定在一个恰当的比例点上，最后让投入产出比最大化，或让风险最小化、收益最大化。但如果将此转化到无限责任的视角，便是完全不同的一番格局。在这个格局下，任何一种风险的出现都是不容许的。表现为政府对于风险的认识不是考虑相应的风险能够产生多大的收益，而是这样一份风险一旦被外界觉察便将遭受来自媒体舆论的怀疑与压力，而且一旦舆论的风波兴起，自身很难有太多辩护空间。

2. 需要政府的责任退出与专业权力机构的责任进入相匹配

在以上分析的基础上，我们发现一种较为优化的策略：政府行政权力的退出与专业机构以专业权力拥有者的身份进入，二者要同步进行。在这种模式下，专业权力机构开始填补政府退出的空白，弥补相应的功能板块，防止风险发作。在这一过程中行政责任和专业责任可以区分开来，其中政府承担行政责任，专业机构承担专业责任，二者之间还可以形成某种功能整合的关系，即以相互契合的模式一同向前推进。

3. 政府对专业权力机构的支持模式

上述模式也有一个明显的短板，即专业权力机构的胜任力不足，有胜任力的专业机构太少或还没有成长起来。在现实中我们的确会发现这样一个特点，即政府向前迈进的开明程度通常不会成为致命的掣肘之处，而胜任的专业机构的出现则是最大的难点。

在这种困境下，我们当然希望政府相应的管理部门能够通过多方探索发现胜任的组织，但更重要的是他们应该主动出击、有所作为、支持专业第三方的发育。相应的策略是，把更多的功能主动转移给第三方，在功能转移的过程中可以通过搭建平台的方式让专业第三方机构快速拥有相应的社会身份，减少功能转移的障碍，在其运作工作中，要依据自己手中特有的那些资源对第三方机构进行支持。简而言之，简单的功能让位并不是目标，而是创设出一个功能空间或特定的平台，主动引入专业机构，将权力主动赋予它们，并给予一定的自主性空间和资源支持。这才是使得第三方机构快速发展起来的关键之道。

这个策略所对应的理论是"U＋B"结构。"U＋B"治理模式最开始的提出是针对社区。在社区中，U（Upper）指处在社区之上的顶层帮助者，指代政府或社区两委；B（Basic）主要是指基层社区居民或社区自组织等①。通过 U 支持 B 发展的一种结构，使得 U 和 B 各自的能力快速提升，"U＋B"结构的功能与能力超出 U 和 B 任何一个主体单独运作时的情形，从而实现"1＋1＞2"的局面。在此模式下，第三方专业权力机构的确可以成为一个自主运作的主体，承担角色 B，拥有自主空间和责任主体的身份与担当；另外，政府以支持者的角色出现，相当于角色U。这样一来，"U＋B"二者合二为一，使得专业权力机构能力快速提升、具备胜任力；同时，政府也在放手的过程中提升了自身的支持能力，更好地发挥了"指挥棒"的作用。

这是既不同于管控又不同于放任的第三条道路，也是我们的希望所在。此外，还有一个十分适宜的行动发力方向，即建构一条特定的通道，借此影响更广泛的社会公众，将公众动员起来、卷入进来，让他们参与到政策的知情甚至制定过程中，然后形成在体系中真正的社会选择主体，即社会本身，包括（潜在）捐赠人、一般公众等，同时让整个社会包括公众也一同应对我们面临的困境，一同追求未来的理想目标。在这种模式下不仅政府的长远利益得到满足，而且也符合公众参与进来进行理性讨论的内在意愿。

---

① 彭姣."U＋B"模式下社区参与式协商实操研究——以北京市 L 社区和 Y 社区为例［J］.管理观察，2020（1）：46-49.

第十章 社会选择机制
的演化格局

　　本章中使用了"演化"这一概念，是为了表明社会选择机制在经历从无到有、从不成熟到成熟的过程之后，最终会形成一个怎样的格局，还回答了在社会选择机制下的各组成部分及其相互之间的关系会有一个怎样的理想归宿。之所以进行这一方面的梳理，是为了厘清我们对平台发展轨迹的认识，看到其当下的不足，看到平台发展的未来潜力。当下的公益领域，我们也正由类似于传统的计划经济时代逐步进入到社会选择机制建构的道路上，如果依旧用传统思维模式来衡量平台的发展，一定会出现对平台的创新性做法给予否定意见的声音，但这样很可能会打击平台不断探索创新的积极性。

一、平台走向市场细化

（一）产生市场细化现象的动因

"市场细化"的概念来自经济学领域，它所描述的是在市场中满足社会需求的企业数量逐渐增加至临近饱和状态的情况下，伴随着企业之间相互竞争关系的展开，企业开始从普适性的产品生产范围转向特定人群，更精准地生产特定的产品，从而占据市场中的一个细分领域。

公益领域与商业领域相同点是，随着平台数量增多以及它们之间竞争关系的逐渐浮现，也同样会产生产品与服务的细化。以当前已有的 20 家互联网平台为例，它们之间相互竞争的点包括：争取更多的公益组织入驻它们的平台，争取更多优秀的公益项目在它们的平台上募捐，争取更多的公众关注，以及通过运作获得政府更多的好评、获得更高的美誉度等。在这样一个已经形成的竞争环境下，某些平台开始考虑，相对于竞争对手来说，自己的比较优势是什么，以及自己该瞄准哪一地域、哪一群体、哪一公益项目类别等问题。

除此之外，推动平台走向细化的另一个重要的原因是，与企业以追求利润最大化的目标不同，平台所追求的不再单纯是自身或发起方的利益，而是更为关注社会中弱势群体的需求。在这样的使命驱动下，有的平台会选择尽可能关注各类受益群体的需求，搭建普适性的平台，推动多方参与；而有的平台则会选择将关注点聚焦在某一类型受益群体的多层次需求上，从而搭建出多维度、系统性的平台。因此，即便没有外在的竞争对手，这里的主体也有一种自然形成的展开市场分化的动力和趋势。随着社会需求被不断地挖掘与呈现，可以由笼统性地为一般化群体进行服务的活动逐渐向全部人群中的不同特定群体提供针对性的、聚焦化的、瞄准性更高的服务演化，有趣的是这同样是在进行产品与服务的细化，即"市场"的细化。

从以上分析可以看出，产品与服务的细化所带来的公益市场细化，实际上完全可以理解为让包括公益组织和受助人在内的受益主体得到更好的服务的功能性细化，也可以理解为瞄准性更高、挖掘尚未满足的需求的潜力空间。不难得知，"细化"其实代表着一种让社会效果更大化的发展方向。

除上述两种导致市场细化的原因之外，还存在另外一种情形，即平台组织在其成立运作的初期，受制于其专业能力和资源条件的限制，它们可能会将自己的产品与服务瞄准到一个局部地带或是局部人群，而不是更大范围的社会空间。鉴于市场细化的特殊优势，它们在最开始就从一个更精细的瞄准度入手也不失为一件好事。

（二）平台的细化维度

产品与服务的细化可以沿着不同的维度进行，从当前已有的20家平台所提供的产品与服务中，可以看到以下三种维度：

第一个维度是地域。有些平台是覆盖全国，有些平台当前只覆盖特定的省市，这是细化的表现之一。在理解细化的含义之后，我们对于这种情况便不会再进行苛求（即不去质疑平台为什么不覆盖全国或某地），相反我们更愿意看到它们在这样一个细化的领域内瞄准性更高、做得更精准、社会效果更好。最终，每一个平台的地域选择都能实现一个增量，并使得这一特定地域内的公益组织、捐赠人以及受益人可以得到更有针对性的服务、更深度地互动以及让三者更有效地连接。

第二个维度是公益项目的类型，其实有的平台就是从公益组织衍生出来的，它们本身就聚焦在特定的公益领域内，比如扶贫领域或儿童发展领域。这个时候它们建立的平台也将以这个领域为自己的大本营，在此精耕细作、生根发芽。或许它们会很快扩展到其他领域，也或许它们会长久待在这个领域继续深耕而不是向外延伸。不论是何种方式，都是每个平台自由选择的结果；且不论是哪种情况，我们都应该看到它们各自的价值。

第三个维度是公益项目按技术难度系数所划分出来的类型，以及其中所蕴含的专业水准的高低。通常在最初阶段人们更愿意瞄准那些基础类慈善项目，越往后进行就越会受需求的影响，开发出一些更为复杂或系统化解决社会问题的项目，或者是进行社会结构的变革和创新等。当然平台进行服务细化的一个原因是自己内在的理念，也并不排除一些平台从一开始就会瞄准稀缺的公益项目类型。

（三）平台细化产生的效果

从理想形态上看，随着服务的细化，每一个平台上的每一项服务都会越来越精准地瞄向一类特定的群体或项目。在这一方面，相关的运作将更加高效，包括能更好地将捐赠人动员起来，更好地将捐赠链条打通，以及产生捐赠人、受益人之间的良好关联等。与此同时，平台领域也将会产生出一批小规模化的服务类型。精准化、高效化和小规模化是产品与服务细化的三个典型结果。

细化的效果除了精准化、高效化和小规模化之外，如果平台性组织足够多，还有另外一种效果必须强调，即服务越来越丰富化。如果每家组织越来越深地进入到"独特"的定位之中，当组织数量足够多的时候，就意味着每一个具体的点位上都有组织提供服务。那么整个公益领域中通过互联网募捐平台进行的筹款活动将变得丰富多彩，专业化水平也会得到提升和发展。

二、对市场细化的否定论

从理论层面出发，我们可以预见市场细化将会带来巨大的社会价值。但不乏会有质疑与否定的观点出现，主要集中在以下几个方面：

（一）市场需求论

有一种观点会认为，整个社会捐赠人数和捐赠总量是有限的，因此对平台数量的需求并不很大。即使再增加互联网平台的数量，也不会让总的捐赠人数和捐赠数量增加多少。事实上，从市场细化这个视角来看，此观点是站不住脚的。一方面，通过市场细化让有不同兴趣和关注点的捐赠人都有自己的捐赠渠道；另一方面，在特定的渠道上将事情做得更精致、更聚焦、更专业，让捐赠人更放心。因此捐赠人的总量并未确定，我们需要做的是通过开发更多的平台，让更多的平台获得资格以及平台能够提供更多样化、更精细化的服务功能，使捐赠人群体获得更高程度的激励并进入到公益领域，实际上，这也是一项为捐赠人服务的行动。

另一个可以对照的事实是当前的 20 家平台的数量还远远不足，以美国为例，其进入门槛较低，各种大小不一、类型多样的平台多达数千家，并呈现出多元丰富的特点。其中既有综合性的门户信息平台，也有聚焦小范围项目的信息平台，如 Give Well 将项目评估筛选与募捐信息展示相结合，虽然只上线 9 个项目，却带动了大量的资金捐赠。既有我们常见的以项目为中心的定向众筹募捐信息平台，也有大量以支持慈善组织为中心的非定向募捐平台；既有专门的慈善募捐平台，也有以广告形式嵌入式的平台，如 Facebook。另外，他们的捐赠形式和范围也多种多样，既有捐赠现金的平台，也有捐物的平台，如美国汽车捐赠平台（Donate Car USA），提供捐赠汽车、销售汽车和选择慈善组织捐赠一条龙服务；既有一个个项目捐赠的平台，也有像 Charity Navigator 这样的可以像逛超市一样浏览组织信息，将多家组织放入购物车，一键捐赠的平台。还有些平台覆盖全球，如较大的全球赠予平台（Global Giving），自 2002 年起，向全球一百多万捐赠人募集近 50 亿美金的项目，用于资助全世界 170 多个国家和地区的 3000 多家公益机构。

（二）成本论

第二个观点是，随着市场越来越细化，人们或许会有这样一种担心：当一个特定的群体只由零零散散几个人组成，从而产生的服务成本过高、收效过低时，对于平台来说该如何维持正常的运营？

首先，我们应该感谢这些带着积极的动力介入到该领域的平台组织，正是它们的介入让领域里的服务多元且丰满，开始产生服务和产品模式的细化，扩大群体受益。这些益处包括捐赠人能够获得更便利的捐赠渠道，公益组织可以有更多的筹款通道，以及更多的受益人能因此获益。其次，我们应该去尊重社会选择（包括平台自主的选择），因为我们相信他们也有自己的理性，也会依据投入产出比来决定自己的行动；当投入产出比低到一定程度比如净效益趋近于零时，平台组织会自动止住自己的步伐。就如同我们不必担心一家企业的衰退一样。

我们可以这样设想，当一个被小众关注的功能领域需要有平台建设方带着资金介入进来的时候，恰好有的机构愿意介入并因此而在其他地方产生利益回报，那么对于该领域的发展简直就是一份福音。它们基于自身的发展战略考虑或者在其他地方获益的可能性，可以令其在平台公益筹款，不再需要抽取一定比例的捐赠资金用作平台的运作成本。

虽然目前只有 20 家平台，但其发起方的背景很多元，尤其是互联网企业占多数。这样一种情形经常会引起人们的争议，会被认为企业带有商业动机，并不是纯粹地参与公益，因此会产生不良的社会影响。但从另一种角度来看，得益于其背后的商业动机，这让它们具有更明显的动力涉入公益领域，并且可以用自己的成本承担起整个运作体系的全部费用。以腾讯公益为例，企业发起的平台，即使存在商业动机，例如获得更大的流量、树立品牌形象、企业 CSR 的需求、获得企业美誉度等。从其建设上也可以看出，企业在从更高层次的角度思考整个领域的建设，以解决这一领域的具体社会问题为使命，具有强烈的社会责任感和更高的使命感。企业的定位也因此发生了变化，不再只是赚钱的工具，而是促进社会进步与发展的关键一环。很多情况下，企业在公共议题或社会进步方面所做的纯公益贡献并不亚于公益组织，而后者也是许多有担当和社会责任的企业的战略选择。

当前，大多数平台在运营过程中并不从中提取管理费，它们只是在捐赠人与受助者之间搭建一座桥梁，在为公益组织提供募捐渠道的同时并没有增加其运营压力，这期间所承担的高额成本则一概由平台自己承担。这是一笔不菲的费用，仅仅由企业承担的硬件设备和人员的费用就是它们不小的贡献了。

除了商业企业，同时还需要一些通过纯公益动机运作的细分市场领域。进入这里的机构没有别的途径获得运作成本，只能从其中提取一定百分比作为管理费。以公益宝为例，通过为公益组织提供专业化服务收取一定的费用来维持机构的运转，但其初期就设定的解决公益领域社会问题的使命并没有因为金钱的诱惑而发生转变。不难看出，平台是如何以低廉的成本承担一份艰巨的工作量的。

综上，我们看到只要平台有内在的动力，不管是商业动机还是公益动机都可以将其运用进来，进而有了不同行动动机、资金资源和组织资源的平台方，而公共政策的贡献点则在于将这些动力编织成一个有利于社会发展的社会选择体系，在其中让那些有益的成分得到成长。

（三）合法性问题

第三个观点是，若某平台上入驻的公益组织以及捐赠人的数量较少，人们会诋毁它的价值贡献，甚至在政策上不支持这样一种平台布局。在他们看来一家平台组织如果只限于一个特定的地带、特定的领域、特定的群落，则是应该加以批判的，而批判的理由在于：国家赋予你合法的身份，指定你为公开的募捐平台，你就应该覆盖全国各地、各个领域和各类人群。

这种观点的核心在于把平台身份看作稀缺公共资源而不是一份如同注册成立一家企业似的普通性质的私人资源。如果将其看作稀缺的公共资源，则会认为国家将如此稀缺的资源赋予你，你却没将它做大做强，这是对稀缺公共资源的浪费。如果国家垄断性地"经营"或者国家放进少数寡头组织特许"经营"时，的确是公共资源，而且是非常珍贵的公共资源。当下互联网募捐平台的资源在一定程度上可被看作是稀缺的，第一批入围13家，第二批入围9家，退出2家后最终达到20家，第三批遴选目前正在进行，但数量也在10家左右。针对我国如此庞大的国民经济发展体系和人口总量来说，目前平台仍然较为稀缺。但当国家以更开放的姿态允许社会组织和社会资源介入，且社会资源也更愿意投入时，这样一个场景便逐渐转化为非稀缺性的了，并且转化为社会"私人"属性的资源。从目前发展情况来看，虽然数量仍然少，但平台数量是在逐步增多的。

我们从行业基础设施建设的视角看，任何一家平台，不管其多"狭小局限"，都是为行业的基础增量，至少在三个方面作出贡献：第一，公信力平台建设一定程度上也属于政府管理的范畴。这些平台组织的进入，相当于省去了政府的投入，这便是为政府减轻了财政负担。第二，平台作为公益组织或企业法人进入申请的时候，就意味着它们比政府更有特定的优势，它们可以独立自主运作，减少官僚化的程度。第三，平台增加还产生了竞争性，正是因为多元竞争才开始促使哪怕是商业化实质的平台组织也开始追求产品与服务的细化，具有一定的"社会市场"敏锐度和灵活性，增加了运作的活力与效率，让自己的内在动机更直接地发挥出来。而且，当它们汇总到一起产生某种沟通交流尤其是竞争时，相应的效率就会提升，还会产生独特的行业空间。

从以上分析可以看出，界定两种不同性质资源的分水岭在于国家的政策，在于国家是否将平台这份资源向更广大的机构开放。一种做法是如同容许私人组织以更自由的性质进入市场一样，只要它们遵纪守法即可，它们可以带着自己的资源登记成商业组织到市场领域里来拼搏一番，追求自身利润最大化。

在开放视野下，整个领域也活跃丰富起来，市场中的各种产品和服务开始细化，社会中的每一个角色，包括捐赠人、公益组织、受益人及平台，会整体性地繁荣起来。想要做到这一局面，就一定要把门槛降低，让更多的组织进来。这样的方式的确存在着管理上的风险，存在着鱼龙混杂的问题，对于管理能力是一个更高的考验。所以平台的身份是否稀缺，在相当程度上取决于我们向社会放开之后管理社会的能力，以及整个社会承担风险的能力，而不在于事件本身的性质。

延伸出来的另一个问题就是，如何降低门槛，以及门槛降低之后伴随着鱼龙混杂和"市场"混乱的问题，该如何监管？

我们已经在前文论述过监管模式和治理模式，包括两者的风险与优势等。但我们相信治理模式体系的选择是毋庸置疑的。当前的政策虽然带有监管的色彩，但也在不断朝向治理的轨道进行，其行进的速度也取决于政府、四大类主体本身的发展程度，尤其是社会的自治能力。这与国家的社会治理体系现代化转型的大方向完全一致。

三、平台入围与评估标准：无害原则

在治理模式的基础上，我们将进一步进入到平台管理的细节之中，这里重点探讨平台的资格遴选环节，这一环节很大程度上决定了平台资源的稀缺程度。

首先介绍下无害原则，无害原则是指一家平台只要是依法依规运作的（即无害的），那么它便有自己存在的合理性和正当性。只要它无害便可以进入到平台队伍中来，而不需要用是否产生了出众的业绩作为标准，来决定一家平台是否有资格待在这里。同时，更不应站在道德的制高点，去指责平台的覆盖范围、覆盖领域和项目选择标准等。与无害原则相对应的是荣光原则，当下的平台遴选过程一定程度上带有一些荣光的色彩，从而产生了一连贯的问题。

（一）一个常见的扭曲：荣光原则

荣光原则，是指能够进入该领域，意味着自己有独特的本事能被授予这一资格，因此介入领域本身就意味着一份荣光。

当下一些大型企业（包括国有与民营）都开始看到了互联网公益这一新生领域的热度，也致力于将自己的触角探到这一领域。这本是乐见的利好现象，但问题是想要获得资格并非易事，需要经过各种专家评审、政府批准，尤其是在名额有限的情况下，谁能进入便成为一份荣耀。这扭曲了平台定位的本意。进入不再是一份"我愿意在这个领域做事"，而变成了"我有特殊的资格，我已红袍加身"。

这一情形虽不合理，但却是当下一种切实存在的现象，以至于诸多机构尤其是一些大型企业或者互联网头部机构将获得资格作为目标，而一旦进入后则又维系一种低水平的运作状态。

（二）另一个常见的扭曲：稀缺论

前文提到，相较于当前我国庞大的国民经济发展体系和人口总量来说，目前平台数量仅 20 家，属于数量极其稀少的情况。于是，政府部门、政府评估专家、公益组织和公众等都或多或少地会把每一个获得合法性资格的平台当成是一个幸运儿，对其抱有很高的预期，于是就以更高的标准来要求平台，自然这一新的标准已经明显超出了法律法规所规定的底线水平。

在政府每年的汇总评估现场，可能常有专家进行超出于法律法规内容的提问：你的机构是怎样运作的？为什么你要这样运作？为什么你们的负责人不能投入更多的精力？为什么你们的筹款量如此之少？为什么你们的服务对象确定在这样一个局部的区域？等等。

如果这是一个以社会化选择为背景的评估，即全面评价一家组织的运作绩效，这样一些问题是值得被关注的。但是如果是执法监管式评估，即在对方不管自愿与否都必须回答这些问题的情形下，这样的问题便有了越权之嫌，因为这样可能会干扰平台内在的自主运作选择。越权只是其第一重危害，接下来因为越权导致组织的诸多运作方式、运作细节都要受制于政府的监管力量，这实际上是将平台组织的自主性运作空间加以剥夺，以及将组织纳入到自己更高程度的管控范围之内。

（三）扭曲产生的恶性循环现象

这两种常见的扭曲产生了一个奇特的恶性循环现象，可以简化为这样的三个回合：

第一回合，即一些国内航空母舰式的机构以其特殊的触角延伸到平台领域，凭着它们的资源与实力进入互联网平台的合法性门槛是没有太大问题的。进来之后，它们并没有积极运作，也没有利用自身优势产生相应的效果，只是因为自己获得了资格而"坐享其成"，获得了荣光，沉浸在获得互联网募捐平台资格的美好感觉之中，但保持着低水平的运作状态。

第二回合，面对这一现象，政府管理部门的相应做法就是加大监管力度，使其不能凭空享受这份荣耀。而社会也从各个角度给政府这样的压力，让政府介入干预平台的运作。于是，政府部门在各方压力之下将监管触角延伸到平台自主运作的合法性范围之内，产生了过度监管的问题。

第三回合，被监管的平台为力求达到诸多方面的合理、合法、合规，在体量上也适度做出一些调整，并重点在规范性层面发力。这里的重点是平台所理解的规范性范围，已超越了客观的法律法规，在规定之外组织的业务或项目覆盖范围也追求极致形式美，而在法律规定之内和之外的任何一个部分，又向着极致方向追求细节的形式美，于是给人一种运作优良的外观感觉。

还有一个现实中的问题是，有些代表政府对平台进行评估的专家评委都把握不准他们内心中是否已经真正地排除了官本位的意识。如果没有排除，那就会借助于评估过程而重新展现出来，让专业权力发挥了行政权力的作用。例如在相关评估指标体系的建构中，习惯性的做法是依据基础性法律法规，然后在其之上或之中搭载更多的平台组织自主运作范围内的内容，从而让后者也进入到强制监管范围内。此外，即便我们将评估指标的制定权限交给社会化第三方机构，也容易犯这样一种错误。

（四）一个系统化解决问题的思路

面对当下已有的三回合式的危险倾向，我们前文也勾勒出对应的解法以及体系内的理想形态，即对等地进行三步：赋予合法性身份、底线监管、高处引领。如果能通过三步体系使得整体问题得到解决，管理部门与运作机构便可以进入到良性运作的循环圈之中。

1. 第一步：将"荣光原则"转变为"无害原则"

放低门槛让更多合法合规的机构进来，让资格不再是一种特权，抹去特许经营的色彩，减少其中荣光的成分，让合法合规成为这里的唯一门槛高度。

2. 第二步：坚守法律底线处的监管原则

对那些既没有违法但又没有什么特殊贡献的机构，仍然保留它们的合法性位置。位于这一区间段的机构数量众多。对此，不管它们做得多么规范，文档做得多么漂亮，留痕做得多么细致，只要是社会价值贡献量平平，不进行表彰式的认可。那些颇有尊严感的组织则会因此而感到"没有面子"。

在这里，要十分明确地区分出监管式和支持性两种不同性质的评估：

第一种是监管式评估，尤其是当评估专家在评估现场经常以问责性的语言来质询对方的时候，这样一种评估显然要放到法律法规规定的范围之内，问责的内容也要有对应的法律依据，而不是对其个性化的选择进行苛责。实际上这就是一种实质意义上的监管，是在互联网募捐平台运作初期为了防范风险的剧烈发作而设置的。在初始阶段、在基础层面、在细节处就是做好管理和规范。

第二种是支持性评估，以评促建性质的行动。大家需要将监管式评估和支持性评估区分开，监管式评估是纳入到监管范畴的必须动作，而支持性评估是非强制性的。尤其是在操作时让平台自主自愿地选择，此时的评估范围可以包含它们运作从头到脚的所有成分。

这里提出两种评估的概念，是希望借此区分出哪些成分是机构自愿选择的，哪些成分是专家评委有权代替政府进行管控的，切忌将二者混淆。

3. 第三步：让支持性评估发挥其鼓励价值

借助于自愿选择的支持性评估可以发现优秀的做法，发现那些有创新能力和有更高社会价值贡献的平台。因而这时的评估不再只是一次合法性检查，专家也能定位准确，以便更好地发挥专业人士的支持性对话与引领作用，而不是作为执法者的监督检查作用。然后给予这些优秀的平台以特殊的奖励或激励，让社会看到平台的实质贡献，并进行示范和引领，从而将荣光的含义完全改变，由入围即荣光转变为入围之后运作好才是荣光。

四、保障数量基础上的演化格局

社会选择机制存在的基础是要有足够多的平台可供选择。所以，社会选择的起点是将平台机构进入门槛降低，让更多的合法组织进入，供不同的利益主体选择。

首先，数量足够多的平台产生的第一层演化便是市场细化。这是数量基础上的首要效果。以此为基础，平台服务自然会分化，进而更加丰富、更加多样化，让更多的群体尤其是少数群体被卷入进来。其发生作用的机理既包含一家平台组织在其起点处的选择本身就是多样化的，又包含同类组织在领域中的共存，促使它们将各自的服务细化。

其次，数量足够多能够产生竞争。数量是实现有效竞争的关键前提，只有让数量达到一定规模，才有可能保持充分的竞争性并让我们的服务覆盖到各个地区、各个领域、各类人群。

足够数量的平台能保障社会选择的有效性。多平台并存的格局会强化平台间竞争的激烈程度，同时给公众更多的选择权，在公众用脚投票的同时也开始让平台进入到优胜劣汰的竞争轨道。这种状态下，任何一家平台出现问题都只是它自身的灾难，而不会出现一损俱损的情况，后者对整个社会来说是灾难性的。

再次，数量足够的平台使得政府监管归位。当平台资格不再是稀缺资源时，即没有荣光效应，各方也不会以稀缺来苛责平台，即使有些机构因为荣光申请成为平台，在它们没有违规的情况下，可以让其成为"人畜无害"一般的存在，政府只需要对平台组织的违法违纪负责，不需要对它们的运作绩效负责。进而政府可以真正回归到及格线处进行底线监管，将及格线以上的空间留给平台自主运作。

我们再次强调及格线的两重含义：第一，及格线是指监管范围依据法律一定要有的上边界，且不能越过；第二，更不能将及格线高度从 60 分扩展到更高处（例如 80 分或 100 分，这里是一个形象比喻，及格线以上是社会选择的范畴，但并不意味着社会选择就只有 40 分的分量），不能让平台将主要精力投入到及格线范畴内，相反应鼓励平台在及格线之外的空间持续发力。

最后，政府监管和社会选择形成一个相互呼应、相互嵌合的良好运作体系。

第十一章 互联网募捐平台的差异性与分化

在本书的第一部分，我们已经看到不同互联网公开募捐信息平台各自的独特价值贡献，这是一个从专业视角展开的价值认定。但在现实中，或许人们并没有意识到平台背后的差异，而是更为简单地去关注平台的筹款资金量、捐赠人次、流量布局、合作规则及方式等。在这个章节，我们将在此基础上阐述平台的差异性对社会选择的作用影响，并进一步反思平台数字化能力对于互联网公益的真正价值与未来发展的潜力所在。

一、平台的差异性对社会选择的影响

（一）互联网募捐平台自身的差异性

目前互联网公开募捐信息平台已经有 20 家，每一家平台发起方的组织性质和资金量都不相同，可以说在起点处，每家平台的差异性就是巨大的。但经过近三年的运作，对于平台的评价却出现了供给模式趋于一致、差异不明显的说法。这种趋于一致的现状，也使得更多的平台无法在竞争过程中脱颖而出，逐渐成为几大主流平台的陪跑者。

1. 平台可以形成特定类型

在早期，平台差异性并没有形成，大家都处在探索阶段，而腾讯公益平台等相对较早的一些探索方式成为其他平台的模仿对象，包括流量的划分、公益日的设定以及配套捐赠规则的奖励，等等。

当差异性无法体现的时候，所有平台很快都陷入一个以资金筹款量为考察指标的结果中。使得无论是公众在做选择，还是平台自身都发出了一个疑问，为什么我们长得都像腾讯公益，都是朝一个方向努力，却不能够超越腾讯公益？

这种疑问实际上凸显平台形成差异性的意义，缺少独特服务特性的平台，以及缺少特定服务领域的平台在面对用户的时候必然会讲不清楚自己的价值点，也没有办法吸引到与自己能力最相匹配的那批用户，进而就无法形成特定的社会选择。

这种差异性的形成，实际上是促成用户选择服务和产品过程中的必经之路，也是一种相当主流的思路。无论在互联网上还是在互联网下，供给端都会强调，要通过不断地为需求端的用户增加标签值，增加对于特性的描述等多种方式来最终确定用户端的差异性，从而更好地为有差异性的用户提供所对应的服务供给。这也是 20 家互联网公开募捐平台在技术层面（用户画像）上的基本共识。

困难点不在于如何将技术层面的差异性展现出来，而是平台在技术特性之外叠加的一层社会属性，即要建立起在公益领域中供给方和需求方的桥梁，而且其中的服务对象和服务产品内容纷繁多样，这对平台自己的管理手段和运作手段提出了较高的能力要求。这些能力背后，平台还需要能够承载住自己对于差异性的理解，还要有能力向公众展示出来，这是非常有挑战性的一件事情。

现在我们能够看到的所谓已经形成特定类型的平台，例如腾讯平台或阿里巴巴公益宝贝平台，本身就是在展示出自身运作特色的基础之上突出平台的优势。比如腾讯每年的"99公益日"对于大量基础公益类项目的带动，以及淘宝公益平台对于小范围优中选优的专业项目的持续资助。

与之相对的是展现平台自己特色的同时，也意味着会暴露自己的短板。这也是当下各个互联网募捐平台，尤其是影响力较大的平台所面临的公众质疑所集中的地方。这里问题的重点不在于如何回应这些质疑，而是要意识到，平台如果自身追求大而全并且能够解决所有问题，反而是对平台自身特性的弱化。混淆平台定位边界和缺陷的几个概念，也会减少平台对于公众选择的吸引力。这也是我们在下文中所要讨论的，为什么平台需要承认自己的有限性。

2. 承认平台自身的有限性

平台追求任何一种差异性的服务价值，都会使得平台凸显出自己与众不同的地方；但也呈现出自身的缺陷与短板，比如腾讯公益在近5年探索过程中，对于"99公益日"规则的建构，既体现出腾讯公益有能力与社会组织共同来完成对平台规则的讨论，同时也会暴露自身的缺陷，即为何平台无法自发鉴别出高技术含量的项目，而要通过规则来维持运作的稳定。关键在于如何理解这种所谓的"缺陷"？

为了呈现出平台自身的差异性，平台所能够做到的和所不能够做到的，都应该被理解为平台根据自身的资源与禀赋所找到的最适合于自己的发展方向。这属于平台自己的定位，而这种定位只要和平台有能力、有意愿去服务的用户偏好相关联，那么所谓的缺陷就不再是缺陷，而是促成公众对于平台形成社会选择的良性空间，也是平台应该去遵循的最佳发展定位。

达成这一点需要有一个前提，即平台需要认识到自身局限性的同时又不必要求自己去回应所有的问题。因为不会存在一个能够解决全部筹款问题的万能平台。最常见的一种情况，如果想要勾勒出一个能够解决所有公益项目筹款难的平台，那么这个平台在管理制度和运作方法上就要设计出足够低的门槛来保证包容性，使得不同类型、不同规模、不同时间段、不同区域的社会组织都能够无差别地将自己的项目上线。这种管理制度本身也许会达成一个好的结果，但如果在这种制度上，平台还要再去追求一个具备高度专业性的公益项目识别体系（呈现出更好的项目），那么就会带来一个恶性循环，即门槛足够低的包容性使得大多数项目都可以上线，却使得从海量的项目中选择出优质的项目成为一个极其困难的事情。而当这种优质的项目被选出以后，大多数初创型项目又会对平台的公正性表示不满。

这种恶性循环背后隐含着平台差异性的消失，平台的边界也会因此变得非常模糊。最终导致平台在内外部的社会选择效用都会降低。

以腾讯公益平台为例。腾讯平台作为第一批获得资格的募捐平台，主要面临的问题是促进更多的社会组织实现向互联网化和数字化的转型，即平台本身的服务目标是要开放出更多的资源供项目上线。

而当大量的项目上线之后，还要让这些项目能够被用户所识别到或进行有效的管理，那么必然之路就是简化项目的逻辑或形成一套模板化的描述项目的方式。其必然结果就是过度僵化所导致项目信息的裁剪，项目信息的标准化使得项目的专业性丢失，使其变成了信息流；与之所对应的是用户的认知水平在同步地降级。这个时候如果考验项目传播的指标是能够让多少人接触到，那么就不应再把专业性指标划入其中。

这的确是腾讯公益目前所曝出的问题，从平台差异化视角审视，这些就属于腾讯公益在边界之外要解决的问题。如果平台自身或者公众还将所有的互联网募捐平台都视作整齐划一的主体，而忽视这些平台所代表的不同服务方向的差异性，以及服务能力的有限性，就会导致目前互联网募捐平台做得越多错得越多的现象。

（二）社会公众自主选择的空间

公众意识到自己的选择权责，同时也应该意识到自身是具备对于平台的选择权限的，现实中，这对公众来说有一定的难度。一方面是因为公众对于社会自主空间的参与程度较低；另一方面则是公众延续了对于互联网企业的品牌认知惯性。

在商品市场中，公众已经习惯经由腾讯、阿里、百度和京东所领衔发起的平台就能解决所有的问题。但在互联网公益的领域，实际情况并非如此。原因是当这些互联网企业进入到商品供给之外的领域，如社会服务和社会公益的脉络中，就没有办法做到仅仅通过大而全的用户覆盖或资金投入解决社会公益领域中的所有问题点。

现实情况恰好相反，在这个新的领域中我们见到了不仅有新角色的出现，而且有的新角色所创立的平台，还能够和老牌的互联网巨头平台在同台竞技的同时展现出自己的特色，成为互联网募捐领域中的独特角色，例如公益宝平台、联劝网平台等。

社会公益服务的特殊性，使得并非只有一家能够提供解决问题的方案。相反目前20家平台都在其自身的能力范围内，尝试为用户提供连接公益资源解决社会问题的渠道。而在差异性已经开始逐步形成的过程中，用户也需要意识到自身所面对的不是同一长相特征的平台，而是各具特色、各自发挥作用的平台，这就需要公众意识到自己在其中具备选择的权利。而仅有意识还不够，还需要能够培养出具备理性选择能力的捐赠人，这需要用户、公益领域和平台共同努力。

（三）促成信息对称的方式

1. 数字化能力带来的信息通道

最终对于达成什么效果，除了上文中所说的平台特性、差异性以及用户自主选择空间的出现以外，另一个重要的因素就是如何促成双方信息对称的效果。

过去在公益领域进行的捐赠中选择往往难以持续的原因，一方面是这种选择被加以强制性的色彩，同时也因为用户自主选择时往往因为信息不够通畅和透明，导致选择结果并非如用户的预期所想。这也是在舆论事件中，为何涉及公益慈善的负面新闻总被反复翻转。另一方面，互联网募捐平台自带的技术属性就是在对募捐过程中的项目透明程度进行改善，这里涉及平台数字化能力问题的重要性得以凸显。

数字化能力的改造不仅限于为用户或捐赠人提供更多的信息，而是如何通过信息负责的方式，将对于信息的理解、加工和选择权限交还给捐赠人本身，这是对于选择结果责任的强化，例如腾讯公益的捐赠冷静器功能的设置。

2. 信息被加工与解读的能力

当平台中承载的项目专业性不断提升的时候，最容易出现公众受益人和平台之间的信息不对称。这不仅体现在信息不够透明，还是因为信息出现了更加复杂的技术参数，使得一般的公众难以去理解这些技术参数背后的价值点，进而无法去对其效用进行核算。这个时候选择又退回到公众，仅靠对品牌的信任程度或对事件的急迫程度作为选择依据，例如在公益项目中，医疗救助、教育助学、应急救灾等项目依然是吸引捐赠资金的主流项目类型。

此外，由于公众对这种信息的加工和解读能力的降低，使得选择的结果也会传导到一些公益项目之中。以应急救灾项目为例，因为更加复杂的灾后救援、心理重建等项目的专业性过高而无法被有效地传递，而公众倾向基于直观的项目信息进行选择，结果就会使得一些组织愿意推出更加简易的应急救灾项目，例如捐赠物资包。

如果上述这种现象又成为一种新的用户选择，会迫使平台产生漏洞，比如多个平台都开始应急救灾项目的发布时，哪个平台在这种救灾过程中做到最简化，或者更加推崇某种单一的治疗方式，那么这类项目会因为能够被用户看明白而被选择；反之，相对复杂和专业的项目则会被持续忽视。

这也是在数字化以及促成信息咨询平台所要继续深耕的一点，即新角色的引入以及提升信息被加工和解读的能力，例如专家的加入、公众的加入、现场环境的加入等多个环节来共同提升信息解读的高度，从而继续促进理性捐赠的出现。

二、数字化能力的应用影响平台的类型分化质量

（一）数字化能力助力平台分化的几个阶段

从长远发展来看，互联网募捐平台从最开始的线上募捐方式，正在逐渐演变成未来公益捐赠的习惯与能力。届时所谓线上和线下的区分会逐渐消失，从而变成不同层级不同类型的捐赠方式。筹款最终解决的依然是公益项目与捐赠人的对接过程，即供方与需方如何更好地相遇。在没有互联网募捐平台的时代中，这个对接过程已经存在诸多障碍，这种障碍体现在供需双方对接的各类难题上；而以前在线下的尝试中，实际上也是将这一过程逐渐变得通畅，让捐赠方和需求方以及受益人能够越来越紧密地结合在一起。

在没有互联网募捐平台的时候，这种卷入成本很高。只能做到小范围试点、小范围受益，是一种难以持续的行为。而在互联网募捐平台出现之后，平台之所以能从线上走向全过程，还是因其背后所代表的数字化能力能够解决发生在筹款过程中的重点问题，即缩短筹款几方的距离以及提升它们之间的交互水平。

这个过程可以分为几个阶段，它的起点是看见并了解一个项目，而终点则是与这个项目结成深度的命运共同体来追求问题的解决，并且在这个过程中能够包容对方，捐赠人自身也会变成提升项目社会价值的重要环节。把这个过程拆解开，可以分为五个阶段，每个阶段都有其各自的特性。

1. 第一阶段：供需双方大规模相遇的阶段

这一阶段，平台提供的是能够让供需方进行大规模相遇的机会。早年公益组织想要创造这种机会，需要在线下设计开展大量的活动，例如中国扶贫基金会的"善行者"和上海联劝公益基金会的"一个鸡蛋暴走"项目。这些项目所做的不仅是要传播自己，而且是要把项目作为平台去让大多数参与者能够有机会遇到公益慈善项目，这就是在创造相遇的机会。在过去这是一个相当高成本和高技术含量的事情。

在互联网募捐的时代，随着平台分化，逐渐形成大规模的相遇，这变成一个非常基础的门槛，即大多数平台都可以着手去做，也成为一些平台独有的特色。目前，每年可以通过大量的主题活动或流量引入的方式，让大量的相遇在平台中高效低成本地完成。

2. 第二阶段：偏好整理与服务数字化管理

在这一阶段，互联网募捐平台将会促成平台上的公益项目产生更多公开透明的做法，即通过将平台上项目的关键节点和历史记录数字化处理后利用平台展示，体现出项目的运作过程，达成用户对于项目的基本了解。

在基础数字化的能力之上，还应体现出通过数据产生的用户画像，这对于促成选择来说至关重要。在前文中所提到的在公益捐赠中的用户偏好表达，通过一般途径是很难被发掘的，而在平台中的数字化管理过程中，通过数据分析来判断项目和捐赠方分别是谁，即可为一个项目提供更好的捐赠人服务策略，这将更有助于捐赠人和项目方形成联结、产生信任。

这个阶段就已经形成了非常好的用户选择的局面，因为具备了几个要素，例如高信息对等的关系以及用户偏好的发掘，但立足于整个数字化能力建设的全流程，这个阶段并非是良好的局面，更为准确地说，这是一个承上启下的必然阶段，它既为走向下一个阶段提供了基础，同时也继承了上一个阶段中众多的选择缺陷。例如这种数字化能力所形成的用户关系的连接实际上并不是因为项目所形成的，而是因为项目方洞察到用户的需求，在不断回应用户需求的过程中逐渐形成的信任关系。这也是在国内捐赠用户理性程度还不够高或期待较低的时候，这种信任关系反过来成为相当高天花板的原因；实际上这只是走向公众选择的一个必然过程。

例如在救灾捐赠项目中，只提供物资供给的救灾项目本身可能存在一些设计方面的明显缺陷，但由于其在与用户以及捐赠人的互动过程中形成了良好的服务（因为这种设计简易的项目最容易产生高频率的服务和高频率的反馈），经由这种服务所形成的连接和信任关系，就会使得用户一直维持在较高层面上的捐赠频率。但这时的用户选择并未对项目促成更多的改进动力，相反会使得项目更加重视如何保持这种连接，而非如何改善自己的专业性。因为这个阶段用户的偏好还停留在基础层面的公开透明，而非较高层面的社会问题的解决。

3. 第三阶段：数据价值的定义与发掘

互联网募捐平台所持的技术特性使得其在运作过程中产生了大量的数据。数据本身是无意义的，数据的价值则是可以通过定义与不断的探寻来实现的，即依据专业运作以及特有的理念、特有的专业考察，发现现有数字体系残缺不全的部分，识别出需要叠加的新内容。比如一些平台会对用户的争论数据进行加工分析与处理，在特定场景下来帮助用户解读这种捐赠的特殊含义。

能否到达这一层级，取决于运作者和平台如何理解公益项目的价值，以及如何去呈现这种价值。这展现出数字化能力是促进平台价值提升中的一个重要环节，不仅让信息更加完整，而且让信息更具备影响力。无论是常见的数据分析对比，还是对于数据的重新定义，最终形成的是平台特有的数字化信息体系，是对平台捐赠人以及项目价值的重新呈现。例如在联劝公益平台中，捐赠人的评价成为项目评估的一个重要指标，而评价背后的打分体系以及打分体系所对应的项目专业运作的尺度则是联劝重点定义的。这种定义在一个平台形成自己的数字化体系之后显得格外重要。这是进一步提升用户产生选择的依据，也是在为用户提供更高质量的信息供其加工使用，并提升用户的解读能力。

4. 第四阶段：可视化与服务体验

公益服务领域尤为缺少的是捐赠人对于捐赠结果价值的体验，在过去是否要将捐赠人和受益者产生连接，是一个有争论的议题。一方面更直观的捐赠结果体验有助于捐赠者理解自身的真正价值，但二者的连接（捐赠人可能会干预项目）也会使得捐赠过程中的项目管理难以为继。

在第四阶段数字化所提供的信息流与媒体流的多样化，能够让供需双方以可视化、体验化和参与式的方式对接起来。我们现在常见的各种小视频、AR 或 VR 技术，所带来的即视性效果，使得捐赠方和受益方的对接不再是以文字或讲述的方式来进行传递，而是直接进入到以视觉、听觉、感受等感官，让捐赠人最直观地去看项目的结果，但同时在物理空间上又达到了捐赠人和受益人的分离。

到了这里，更加全面的社会选择开始形成，前面三个阶段都是在想办法促成选择者双方获取信息的平等地位，建立平等地位后，还要通过数字化的能力来探索捐赠方的需求与偏好。偏好的真实表达是用户形成对自己选择结果责任意识的重要路径。换言之，当大家都能够亲自去感受自己表达的偏好带来的行为以及产生的结果时，就无须他人的指点或说教，人在这种自然且深度的观察和服务体验中，能够更容易地确认自己的选择是否有价值，从而对项目方也能够产生更多的包容性以及理性的要求。

在市场体系中这就相当于捐赠人看到产品是怎样生产出来的，好比我们买了它不仅是因为我们要使用它，而且因为它的整个生产过程给我们一种实实在在的感觉。但这一阶段肯定存在着从专业性视角与从感官视角二者对比后出现的偏差问题，我们不能认为公众选择与专业性有偏差就诋毁他们，而是应当充分尊重他们的选择。

5. 第五阶段：数字化能力将专业性加入到供需过程中

理想的场景中，我们最终希望看到的是在供需双方的对接过程中有足够的专业性出现，有对应的专业角色出现，从而让社会问题的解决过程能达到最大化的效用。

专业性的加入需要恰当的时机与路径，目前专业性的加入还远没到时机。因为仅仅到上文中的第四阶段就已经是当下社会选择相当高水平的阶段了，甚至是在一个短期时间内很难达到的阶段。

在这个阶段到达之前，数字化能力与专业性应该如何去融合是研究机构应该探索的工作，例如目前所流行的捐赠人建议基金模式是否真的能够让捐赠人的理性水平和专业表达形成统一？过去我们更多的是在现场中去看、去感受，而在未来随着互联网募捐平台的发展，当第四个阶段深度发育之后，第五阶段的时机也会随之而来。

在这里依据自己的价值偏好和可视化媒介进行选择，但是公众也知道自己的选择或许有某些背后自己都没认清的地方，这就是专业性。作为选择主体的公众，会发现对于公益服务以及捐赠对象的选择与商品市场的选择逻辑并非一致，而这种不一致的解决路径，就是将专业的信息也加入其中，为其提供更多的信息进行参考，实现有效选择。

（二）数字化对互联网募捐平台的价值与意义所在

1. 在公益领域发展的规律中进行数字化创新

在这种相互作用的过程中，我们实际上在探讨技术的理性是否能够解决所有的社会问题。正确地去看待数字化对互联网募捐平台的价值与意义就要考虑到，现实中数字化的建构本身也要沿着公益领域特有的理论而展开。

我们既要认清公益领域本身的规律，又要看到数字化对互联网募捐平台的支撑和完善，从而掌控当下公益领域的发展规律，而不应该将数字化本身作为理性工具的全部来彻底取代原有的公益运作方式。对于创新场所和框架有所认识之后，我们发现数字化并非是一份工具这么简单，而是在公益领域发展过程中推动创新的一种重要方式；解决的问题也远非信息效率这么单一，而是还包括了如何通过数字化来最终促成平台的差异性以及用户选择的能力成长。

2. 数字化带给公益领域的是"发现"能力

在当下互联网募捐平台所遇到的多个问题中，常被提出是总体流量不足。似乎平台与平台之间的博弈变成了一场零和博弈，即如何去争夺用户本身的关注力，从而形成流量。

事实上，流量背后的价值意味着用户对于某件事情的关注与选择，这并非是一成不变的事情，也并不是对需求的简单理解，而是一个发现与创新的问题。当我们把数字化能力仅仅定义在提升效率、改良工具的层面时，它对公益领域的影响看似就是让资源配置如何变得更加有效率。

而在现实中我们发现，数字化的作用远不止如此，它会在提供工具以及促进用户能力成长的过程中，将分散在无数公益项目和社会组织的想法以及实践方式以更多的形式呈现出来。在过去这种呈现本身是非常困难的；而且呈现出来之后，由于公众选择能力尚未出现，呈现出来的到底是有价值的"宝藏"还是无用的"石头"，很难被公众区分出来。

回到流量稀缺的命题中，当一个组织在互联网募捐平台中为他人提供产品服务时，并非一定就是在抢夺他人的流量，而是通过它的产品与服务，有可能会打开一个新的公益领域，并为更多的人创造机会，因为用户的选择能力提升了。过去所谓的用户带来的流量，就会随着选择能力的提升而走向更加广泛或高质量的关注。这不是人与人或项目与项目的冲突，而是选择的理性水平提升正在为解决问题的效果提供更多的可能与机会，从而吸引更广泛的社会公众加入到互联网募捐平台中进行选择和参与。

综上所述，数字化带给公益领域的是"发现"的能力，这种发现的过程会让流量越来越多，会让项目的关注点从低走向高，从个体走向广泛。并且社会选择机制永远会朝着双方共赢的方向发展，而不是一方为难另一方。工具会助力于选择机制本身的成活与深化，而不是人为设置的障碍。不管是选择的当事人还是局外人都会利用这样一种工具来更好地助力社会选择。

第三部分

互联网下的公益捐赠格局

第十二章　互联网公益下的捐赠演化脉络

在前两部分，我们看到了互联网募捐平台的价值，也梳理了平台的社会选择机制以及其中各个主体的角色。在此基础上，我们从微观的运作机制层面又回到一个相对宏观的视角，去思考互联网在过去的十余年中给公益带来的整体改变。首先，这个改变是结构性的，互联网建构了一个新的捐赠人、公益组织、受益人产生交互作用的场域。且这个场域让公益可以有机会联结更多的捐赠人、从业者以及受益人，包括我们在一开始阐述的四个层面的价值，以及在每家平台上看到的他们的独特贡献。接下来在结构改变的基础上，我们将重点聚焦于捐赠人或捐赠形态本身的改变。这个过程是一个动态的过程，互联网在不知不觉间重塑着我们对捐赠的认识。这个章节将呈现捐赠在互联网公益下的变化。

一、公众可以借助于互联网随时进入公益

互联网公益拓展了参与的范围，卷入了更多的公众。这是互联网募捐平台所带来的最初级的价值，互联网公益拓展了公众参与公益活动的方式，从而带动了更多人的参与，这种价值具体分为以下几个类型。

（一）把捐赠公益项目的壁垒打破

借助互联网可以低成本并且跨区域地链接用户，公益项目对于公众而言不再是神秘或不可捉摸，一定程度上实现了消除国内公众对公益活动的标签与偏见。尤其在 2000 年之后，经历过数次老牌慈善组织的信任危机之后，公众对于公益项目的偏见呈现两极分化的状态，一面认为公益是属于"社会精英"与"富商巨贾"的游戏，另一面则认为参与公益势必是奉献投入且漫长辛苦的一条不归路。

这种偏见的形成源于公众长期在行政体系包办社会事务的背景下，缺少公共参与的意识，缺少将社会问题转化为探索解决方案的内在动力，同时也是因为缺少最基本的观察窗口，公益组织和社会公众获得彼此的成本都比较高，更谈不到双方的联系与选择。

而以互联网募捐平台作为主要构成部分的互联网公益活动，首先解决的是公益参与的门槛问题。平台所提供的便于访问的各类 APP、PC 端网页、移动端网页等，无一例外地都将过去获取公益信息的难度降到最低，借助移动互联网的技术便利，让公益信息的生产、递送和反馈链条都产生巨大的变化，而这些技术赋能的效果首先降低的就是参与门槛。

同时，捐赠人借助于各类 APP 和线上支付渠道进行捐赠的障碍也被攻克。捐赠成为举手之劳的事情。例如，在互联网支付之前，通过银行代扣月捐的操作不仅麻烦，而且也让公益组织和月捐人建立沟通互动比较困难，即使取消月捐也可能比较麻烦。而现在的帮帮公益、联劝网、腾讯公益、支付宝公益等多个平台的月捐都十分便捷。

最终，互联网联结了捐赠人和公益组织，打破了两者在物理空间、信息传递等方面的壁垒，甚至目前可以通过区块链等技术进一步打破不信任的障碍，实现捐赠人只要有意愿，在网络上可以以非常便捷的方式实现捐赠和更多的公益参与。

（二）把开展公益项目的难度降低

公益项目的专业性是可以分层级的，从最基本的第一层级基础慈善到最高层级社会创新与变革，其每个层级均包含着各自不同的适用环境和价值点。对公益项目的专业性进行层级区分的同时，也引出了其他的问题，公益组织的项目一定都要发展进入更高的层级吗？多元化互联网募捐平台的出现，为这些项目带来舞台，无论是初创型机构所带来的初级项目，还是老牌机构所坚守的低层级项目，都能够在互联网募捐平台上找到属于自己的一席之地，使得公益组织能够避免为了筹款而不断堆砌项目的难度，也鼓励更多的"跃跃欲试"者进入公益。最终，在一定程度上培育了大量的、新成立的公益组织，使其能够平稳地度过自己的"新手期"。

我们在强调公益职业化和专业化的同时，也需要意识到，公益首先不能成为少数人的"游戏"，而是应该思考如何使更多的人成为其中的一员。在人数足够多的基础上，才能够真正形成一个不同于政府和企业的"第三部门"，即公益进入职业化的基础。互联网力量的介入可以实现公益的"扩容"，其可以带来大量的资金、关注度、参与者和其他社会资源，对接引入各种"流量"让公益从业者的门槛也降低，以壮大力量。

当然同样也要意识到，这种空间也使得一些项目更加愿意趴在低层级的状态，甚至为了互联网筹款而有意简化项目。但这并非互联网公益的长期趋势，随着募捐平台的服务分化，社会选择机制最终会让项目的层级与平台的定位相互选择，促使公益组织走入到更加适合于自身的平台中。

二、互联网公益中的五个捐赠台阶

公益的壁垒被互联网打破的同时，捐赠形态也随之发生了变化。于是，我们进一步思考互联网环境下的捐赠有哪些不同于过往的线下捐赠之处，在这个体系之中，其到底是基于怎样的动机展开捐赠的。例如当某个好友通过微信给你发一个捐赠链接让你帮他们在"99公益日"实现更好的配捐时，你愿意被"杀熟"吗？在捐赠的过程之中会具体看这个项目的实际情况吗？再如，在"蚂蚁森林"中可以通过各种方式的绿色行为攒能量，最终"种下一棵梭梭"，这种云种树属于公益捐赠吗？

互联网打破了我们原先认知的捐赠框架，通过其将捐赠嵌入到各个行为中。具体而言，互联网公益下的捐赠具有哪些形态，它是一种浅层的参与行为，还是一个社交文化，或者是理性捐赠人的深度卷入？我们在这里将其分为了五个台阶：

（一）从传统观念下的互助行为进入

在这个台阶上，我们把公众层面或许认为是捐献爱心，但实质上是互助或个人赠予的行为也纳入考量，作为进入互联网公益（互助）的最低门槛，例如水滴筹、轻松筹平台上的个人大病求助，后者实际上不纳入《慈善法》的范畴，不属于法律层面上的公益捐赠。

互联网领域两种不同的"赠予"形式：一种是纯公益性质的募捐（如腾讯公益），也就是我们本次研究的互联网公开募捐信息平台；另一种是个人求助平台上的互助行为（如水滴筹），后者在一些公众的认知中，也带有救济的属性，甚至也可以作为献爱心的一种，有时候两者甚至会产生混淆。

产生混淆的原因在于后者的互助行为和我们传统下的慈善救济一脉相承。"怀有仁爱之心谓之慈，广行济困之举谓之善"。中国传统文化认为的"善心""善行""善举"，主要是为了家族家庭起善心，为了熟人朋友施善行，为了邻里同事行善举等，是带有互惠互助色彩的慈善。为什么称之为"互助互惠"？有时候其背后有一丝意味是："万一有一天我的家庭中有人也患大病了，同样可以发起项目，获得支持。"

而互联网下的互助行为的资金量远远超过了公益捐赠的数额，吸引大量的公众参与献爱心。《2019年度中国慈善捐助报告》指出全国20家互联网募捐平台汇集的慈善捐赠超过54亿元，这些资金都是用于公益慈善事业的捐赠。而在水滴筹平台公布的2019年度爱心数据中，仅水滴筹一家大病求助平台所募集的款项就超过130亿元，远高于20家互联网募捐平台的总和。除了水滴筹之外，还活跃着轻松筹、爱心筹等大大小小数十家的互联网众筹平台。

在这个层面，你可以给身边的亲朋好友、同村同族、校友等实施爱心救助，展现出中国公众巨大的爱心潜力。它虽然不属于法律范畴下的社会捐赠，但确是公众认知层面上的爱心行为，而互联网将这一爱心行为链式扩散，让你会为朋友的朋友解囊相助，成为互联网公益最为基础的一种捐助形式。

在这个捐助形式中，具有传统慈善救济的仁爱慈悲之心，也具有中国本土社会中类似于"礼物的互惠"的意味，有时候也是一种出于种德积福的行为，其动机源于积善余庆、为善必有善报的观念，难免带有利己主义的色彩。即便如此，也无法否认其普遍性，大部分网友可能都有过在某个"筹"上捐助的经历，这已成为最广泛的一种互联网捐助形态。

（二）基于社交而展开的互联网捐赠

在互助基础上，第二个台阶就进入到了以社交互动作为起点的公益捐赠。很多人接触真正的公益是基于微信朋友圈、微博等的带动，但这种带动又有别于上一种互助形式的救助，是进入到无任何回报或互助性质的纯公益行动。例如腾讯的"一起捐"的功能让用户之间产生更多带动和行为传递。从社会公众的视角去看，就是一个人的捐赠往往会带动周围更多人的捐赠，捐赠不再仅仅发生在一个人的视野范围内，而总是会伴随着拉拢与带动。

这种拉拢与带动，起初可能是以"人情关系"的心态去完成捐赠，就是我们所说的"杀熟"。但这种社交互动也是让很多人参与公益的一个契机，但落脚点仍然不是公益本身，而是基于朋友的关系接触到某个公益项目，甚至可能不好意思不捐。所以，其与这个项目可能只有一次性的接触，例如在"99公益日"的一次捐赠。

第一个台阶的质变点在于捐赠的性质是公益的，共同点在于进入的捐赠人并不是以纯公益动机进入的。所以，在这种情况下的捐赠，捐赠人可能并不关心这个项目是什么，而是看这是谁发的捐赠链接，其信任关系也是完全搭载在社交网络上的关系，基于对捐赠发送者的情谊或者信任。继而，捐赠人也不会太关心项目的专业性如何，项目的进展情况等，而可能是完成一次"社交"任务。这种类型的捐赠也是基于社会资本，基于发起者本身能触及的社会网络情况，以及能够调动的社会资源情况。

（三）感受到公益的乐趣和看到公益的价值

当进入到这个台阶时，捐赠者开始体会到公益真正的味道，这里包括参与公益本身的乐趣和感受到公益的价值，并在其中获得自我价值的实现。

1. 各种契机接触公益后可能的转变

即使是以社交、运动、应援等方式作为起点，但在接触过程之中，也能够逐渐体会到公益本身的乐趣与价值，真正开始关注公益。在这个过程之中，甚至可以达到"1+1>2"的效果。其中的场景例如：运动捐步中既能够获得运动的快乐也开始关注公益甚至开始了运动筹款、粉丝公益中将公益和明星应援相结合而相互升华并演化出专业公益体系等。

你想亲自看看你在"蚂蚁森林"里种的树长成什么样了吗？这个听起来难度很高的事在如今终于变成了现实。2017年11月16日，"蚂蚁森林"推出了部分地区"卫星看树"和"实时看树"的功能，借助遥感卫星技术，2.3亿用户种下的"蚂蚁森林"在太空中清晰可见。同时，不仅能远距离地"太空看树"，"蚂蚁森林"还在一些种植地块上线了近距离的"实时看树"功能。通过安装极飞电子稻草人FM1智能监测站，协同无人机多光谱技术，可以让管理人员准确统计树木的数量变化趋势及健康状况，帮"蚂蚁森林"建立一个完善的生态数据库，同时为世界各地的公益项目提供技术借鉴。（"蚂蚁森林"对自己的运作状况描述）

一开始"蚂蚁森林"的社交属性大于其公益属性，应该是模仿了当年腾讯的"偷菜游戏"而引爆QQ空间的案例，很多人会因为多偷能量值相互加支付宝好友。公益的一面肯定有，树苗种下后它还会发给你卫星定位图告诉你树苗的位置，至少让我们这种之前捐钱都看不到钱到了哪里的人感受到一份诚意。至少我们在讨论这件事的时候，我们就在走向公益的路上留下了脚印。（"蚂蚁森林"用户发表于网络的评价）

2016年至今，"蚂蚁森林"造林超过2.23亿棵，造林面积超过306万亩，当所属区域植被达到成熟状态时，GEP（生态系统生产总值）可达111.8亿元人民币，评价指标里包括防风固沙、气候调节、固碳释氧、水源涵养等方面，参与人超过5.5亿人次，并且带动了73万人的就业。（根据世界自然保护联盟IUCN公布的《"蚂蚁森林"造林项目生态价值评估》报告的数据）

在"蚂蚁森林"的带动下，后来有了"蚂蚁庄园"，有了更多的支付宝月捐用户。为何类似于"蚂蚁森林"的捐赠用户逐渐深入后可能会出现长期公益捐赠等行动，实际上是因其感受到了公益的乐趣。这种将捐赠过程与捐赠价值打通的行动，也是公益组织一直所追求的。只不过在互联网募捐平台上，实现这个目标的难度和门槛都变低了。

这些项目通过不断地将自身使命感的表达、项目设计中的决策、项目执行者的现场体验等信息递送给捐赠人，进而有机会打开更高的信任通道，即实现与捐赠人一同成长的通道。而互联网募捐平台同时也在让公益组织更加善于表达感恩，将自身能够提供的回报给予捐赠人，让捐赠人开始享受公益参与的乐趣所在。

2. 捐赠人公益参与的认知发生了改变

在与公益项目的接触过程中，参与者感受到了公益的价值，他可以自主地选择捐或者不捐，在没有任何迫于压力、人情或者是周围氛围等的状况下开始自主行动，进一步感受到参与公益获得的价值感和其中的乐趣。

> 我们最开始开展慈善捐赠，也是我们少数几个人在捐赠，一般选择青海、西藏等。但在 2015 年时参加了一个北京打工学校的互动，让我感触甚深。当时我就看到北京市仍有那么多的孩子（就是农民工的孩子），为了上学需要的"五证"一筹莫展的时候，非常想做点什么，因为我们记得他们一个班的孩子里仅有一个孩子有一本书，每每看到我都是潸然泪下，所以现在我们就在这些地方都弄上了图书室，还有幸福课程。

> 我们有一个图书公益项目，我们在企业里发起捐赠之后，也会告诉其他同事，我说我们身边那么近的人就是你身边的阿姨，你的司机，他们的孩子可能都是，但是就在这么一片蓝天在一个城市下，我们看到的那么多的孩子都不同。很多同事最开始也是简单地参与一下捐赠，但到最后我们能

看到公益活动的价值，现在厂里每次活动，所有的企业的员工高管没有不捐赠的，所以都是无形中去影响他们。（德龙钢铁集团员工访谈）

当我们走进德龙钢铁的厂区时，恰好是"99公益日"，整个厂区就像是过节一样，大家积极地给慈弘的项目捐款，氛围特别热烈。我们也问到是不是因为领导们在捐，大家需要跟着行动。他们反馈说："捐不捐没有痕迹，也不知道是谁捐的，完全自愿。"而在现场观察中，他们都是很高兴地捐，也很自豪自己企业支持的基金会项目能够取得的公益成效。（德龙钢铁CSR调研员感受）

对于这些捐赠人在"99公益日"上捐的项目，他们可以在手机上及时看到项目进展，受益人的反馈，并从慈弘的公众号或者企业公众号上看到企业志愿者到项目一线工作的记录与感受、受益教师记录的学生改变与感受，等等。

慈弘在陇西开展"悦读成长计划"工作，按小学、初中、高中的顺序依次铺开，我们此行正好赶上以小学段为主的图书角验收工作阶段，所以接触了不少小学学龄的孩子们。……与许多孩子的交流大多都需要经历这样一个迂回曲折的过程。来不及思考为什么会这样，但我只要知道慈弘的图书角能给他们带来快乐就足够了。……这是一篇随笔，笔调平淡，思绪繁杂，没有清晰的主线，没有要歌颂的对象，只为了记录下我在慈弘陇西行遇见的美好，引发的思考。回答文章开头提出的问题，这趟志愿者轮岗之行究竟给自己留下了什么。我想答案是，把善良当作一种信仰去坚守，不为了迎合别人而伪善，不害怕善意被恶意讹诈，不忘记老吾老以及人之老，幼吾幼以及人之幼，以慈爱之心，成善之宏大。（德龙企业志愿者走访记录）

互联网募捐平台为捐赠人在两个维度上带来了改变点：

一是基础信息的递送工具（例如项目进度呈现、财务公示等）完善，使得公益项目将资金运作的相关信息递送给捐赠人，这使得"基本信息＋信用保障＋社会效果＋资金透明"合并在一起之后能够产生更强的信任关系。二是捐赠人之间的相互影响成为可能，捐赠在原本的冲动之上叠加了更多共同体之间的影响。这在条件适宜时，进一步促进捐赠人的参与，而不只是满足最基本的知情，甚至不满足于相互信任和高级信息的传递，有了关注项目的动机。这最终指向了更加深层的卷入，即为公益目标而捐款，力保项目的公益性，使得即使从社会资本的互动作为起点，却可以走向实现公益的结果。

当然其中借助于互联网进行的捐赠人维护是让捐赠人认知改变的重要环节，即让捐赠的投入与公益效果产生关联，让捐赠人意识到自己不再置身事外，而是成了公益项目体系的一部分。这是在互联网募捐平台提供信息通道和捐赠人反馈之后，更加容易发生的事情。

（四）公益走向破圈并拓展新的体系

在这个台阶中，公益开始实现破圈，捐赠人不在于仅仅享受公益的乐趣和价值感，而是在理性捐赠的基础上，作为一个突破口带动更多的人真正参与公益，并形成一套常态、可持续的参与公益的体系，例如捐赠人建议基金（DAF）的形成。当更多的捐赠人和互联网平台开始积极让公益破圈时，公益便能走进社会的更多角落，拓展出新的体系。

1. 激发出理性捐赠的意愿

在理性捐赠人培育的成长过程中，联劝网平台的做法展现出激发理性捐赠人的一种方式。

> 我已经是"联劝"的长期捐赠人了，我主要捐的是每年的暴走活动项目。对于我个人而言，转变观念点是在有一年参加活动之后，"联劝"还邀请了我们去陕西做走访，参加这个活动对我们来说不太容易，因为要专门抽出时间，而且去了之后呢，也要去一些比较偏远的地方去看儿童项目的实

施效果。但令我比较惊讶的是，除了现场观摩之外，我们回来以后是可以发表自己的观察感受的，这个观察感受会被联劝记录下来，并且后面也可以有机会报名参加公益观察员。再后来我也报名成为观察员了。（访谈自联劝网捐赠人 L）

点击"我要评分"按键，页面跳转至该募捐项目的分值界面，此处会说明项目分值的算法。用户进行评价时，需要进行星级的评价（五星制），并可以留下 200 字以内的留言，单个项目只能评价一次，未捐赠过的项目也可以进行评价。项目方可以对留言进行回复。（联劝网平台线上评价项目的操作方法）

在培育理性捐赠人方面，比如举办大型活动、开设议题、购买服务之外，联劝网提供了借助互联网募捐平台的其他方式，通过用户画像的方式寻找并识别到了最合适的捐赠人，并与捐赠人建立起持续的联系，无论是通过哪一类活动所带来的捐赠人，最终都需要归集到多标签的捐赠人数据库中。

此外，联劝网也将其原本的公众参与评审的效果进行完善，当联劝具备更高的专业性和公信力来解读和界定这部分价值，并且通过互联网募捐平台的渠道向公众界定和澄清这种价值时，理性捐赠人的培育便会走入快车道。

2. 借助于互联网企业及业务实现进一步的破圈

互联网企业的业务发展过程离不开流量的驱动，这种流量驱动的业务模式，使得当下人们对于公益行为和互动形成了新的观点。由于公益行为的"轻"生活行为，人们在浏览参与或评价自己的内容时，往往抱有较为积极的态度，使得从公益活动中获取到的关注力在转化为流量时，其转换价值较高。换句话说：公益活动所带来的流量具备更高的价值。这使得公益活动包括公益募捐更进一步地进入互联网企业的业务体系，具备了价值基础，实现了传播方向的破圈。

MCN 与公益内容的生产方式是一种典型的产品形态，MCN

作为中间平台来保障内容的持续输出，从而最终实现商业的稳定变现。在其保障内容市场化过程中，除了要投入资金保护版权以及内容营销之外，因其生产内容往往要输出向整体社会，这种属性使得无论对于监管部门还是对于平台方，MCN 所输出的内容都要求为社会文化的质量承担责任。

这种责任上的要求使得 MCN 平台不仅需要守住自己的底线，同时也要产生更多高质量的内容，并且能够带来高价值的流量转换成公益活动。例如新浪微公益平台，例如抖音的公益业务板块都发布了对应的公益 MCN 计划。

> 新浪微公益 MCN 计划全面启动：无论你是创新公司、新媒体企业，还是公益机构、行业单位，只要你有能力为公益发声，持续贡献优质公益内容，且旗下拥有 5 个公益微博账号，那就快来加入我们吧！海量传播资源，专业扶持计划，助力机构能力升级！♯传播改变公益♯ 益起来吧！（来自新浪微公益的 MCN 计划简介）

与互联网公司原有业务的深度结合，使得破圈之后的效果具备了可持续的潜力，出现了一个小范围的业务循环：

投入 1：公益活动本身带来的流量具备高的转换价值。

产出 1：这些转换价值使得内容生产者愿意以公益作为素材，带入更多公益互动与网络捐赠。

投入 2：采集用户数据过程中，公益部分的行为数据也可以用来标注用户。

产出 2：公益数据可与其他业务数据结合创造新的业务实践。

这意味着一方面公益数据在与其他原有业务数据打通之后，越来越多的公益项目将会像抖音平台一样，直接将公益行为融合在用户的日常使用场景中，用户与捐赠人的身份界限也会越来越模糊，甚至于捐赠会成为用户常态。

（五）从一般化捐赠到公益项目层级不断深化和公益生态化

1. 公益项目层级不断深化

我们前文提及，互联网可以使得进入公益的门槛归零，即大家可以借助于互联网很容易地进入到公益领域，实现公益的扩容。而当捐赠人的卷入进入到第五个台阶的时候，它便可以进一步带来公益项目层级的不断深化（见图12-1）。

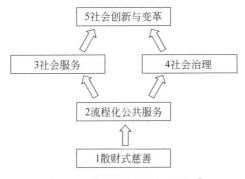

图 12-1　公益项目发展五层级①

捐赠人在进入散财式慈善的时候，可能是基于最基本的同情、善心而卷入其中，而当他们追求捐赠资金的效率效用时，便会将公益项目拉到流程化公共服务层级，从而进一步追求公益的流程化。流程化并不是终点，还可以从公益参与进入到公共参与，开始关注其中"人"这个主体的尊严与发展，关注公共领域的参与和公共问题的解决，并最终希望通过行动进入到社会进步和变革的前沿点。所以，捐赠人的专业和深度参与，可以促使公益项目不断深化进入到更上一个层级。

2. 通过互联网募捐平台形成的公益生态化

公益项目专业性的细分和层级的深化，使得不同类型的项目服务于不同领域的主体，以不同的形式展现在人们的面前。它们

---

① 陶传进，朱照南，刘程程等．公益项目模式理论框架及其运用［M］．北京：社会科学文献出版社，2020．

在项目设计、生产加工以及效果的改进过程中，按照服务内容的划分逐渐形成了各自的专业领域，最终组合在一起，展现出当今中国公益发展的生态。而互联网募捐平台则促进了这种生态更进一步的形成体系。

首先互联网募捐平台自身建立起一组新的链条，即构建起捐赠人和受益人之间的连接网络，使捐赠人参与专业运作、捐赠人离受益目标距离越来越清晰，捐赠人动员与互动社群等可以在互联网募捐平台上实现，这是非常好的交互过程。同时这个链条的价值也在继续向多个端点进行延伸。例如在公益组织与捐赠人的信任关系建立上，再例如与公益内容的传播结构上。

越往后发展，互联网募捐平台所建立起的自身服务链条就越会与原有的公益生态体系进行叠加。这种叠加使我们最终发现，互联网募捐平台正在重塑当前公益项目的具体内容和行动方式，影响着公益生态化。

在这个影响过程中，互联网募捐平台形成更加细分的市场，服务于各自不同的领域，形成了这样一番景象：

（1）与商业互联网平台一样，公益互联网平台的发展成熟同样形成了一个源源不断产生海量数据的网络空间，这一方面为不同领域数据的结合分析与价值创新创造了条件，另一方面也为使用者直接处理海量数据带来了挑战。

（2）互联网募捐平台服务的精细化和区分化，能够通过众多产品矩阵，获得强大的资源调配能力，从而形成公益目标与捐赠人之间更可靠的连接，这种能力甚至远超传统公益组织。

三、互联网中捐赠人的系统谱系

在互联网募捐平台上，中国公益的发展体系比任何一个场域都更为完整清晰和系统，而中国社会公众参与公益的脉络也更为齐整、更为多元，可以说是从零到无限。这是任何其他场域都无法实现的，且更令人震惊的是，其真正的快速发展时间也就是近五六年。可以说，互联网公益是中国社会公众真正开始在非国家化的场域（过去政府公益中也有公众大规模、系统化的参与）中崭露头角，并呈现出惊人的活力和发展潜力，甚至开始重塑中国的公益形态。

在互联网公益中，囊括了捐赠的整个谱系（见图 12-2）：从最初级甚至算不上公益的爱心互助行动到引领公益项目变革和生态化形成的捐赠内容。在中国公益发展体系之中，互联网募捐平台对于整个中国公益发展的贡献点在于将整个图谱以一种动态演化的方式整体呈现出来：目前有的可能已经出现且非常活跃，有的刚刚出现不久但已具有巨大的潜力，而有的可能只有一些隐约的设想但已经在战略构思体制之中了。

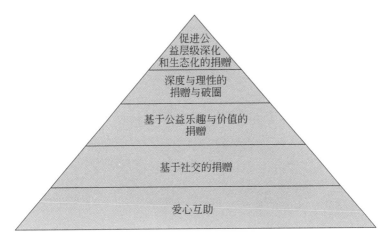

图 12-2　公益捐赠人整体谱系的演化

所以，这五个台阶并不是一个静止的界面，而是动态发展的五个台阶，同一个项目可能同时具有好几个层级的组成部分在其中，只不过不同阶段中各个台阶的组成部分比例不同罢了。

有了这样一个五台阶的整体勾勒，我们也不会为当前互联网公益中的一些现象而过度焦虑或者消极看待了。我们需要承认，目前互联网体系之中，前两个台阶仍然是主流，在纯公益之外是爱心互助，而在纯公益领域内，我们或许看到的是基于社交的捐赠占据主导。而对比爱心互助和社交捐赠，爱心互助在公众层面上的参与程度也远高于社交捐赠。若我们只看到当前互联网募捐平台上的这些现象，可能会很悲观失望，但当我们看到整个五个台阶的谱系格局，以及捐赠者在其中的流动轨迹之后，就有了乐观的依据。

而这样的五个台阶也只有在互联网公益开始出现的时候，才如此清晰和鲜明地出现在我们的视野中，让我们看到一个系统化的捐赠者谱系及其中的变化过程。

第十三章　从无限公正
　　　　 到社会选择

　　在这个章节，我们将互联网体系下两种典型的"赠与"形式（互助性质的个人求助平台和纯公益性质的互联网公开募捐信息平台）与政府提供的医疗救助共同纳入一个体系中讨论。通过在医疗救助情况下，中国公众在接受帮助的供给侧勾勒来厘清三种不同体系内在的运作逻辑、公正性要求和自主选择空间的大小。

　　在三个体系的运作逻辑和规则要求的对比中，我们不仅能够看到互联网两类平台各自的价值点和本质区别所在，也能够知晓为何不能将三个体系的逻辑混淆，更不能用对政府体系的要求去框住互联网上的两类平台，例如用绝对公正来对平台的公益偏好进行指责的原因。同时，我们也希望能够进一步让大家清晰地认识到互助性质的个人求助平台和纯公益性质的互联网公开募捐信息平台的本质差异，减少不必要的混淆并知晓造成当前混淆的原因所在。

让我们从一个真实的社会情境入手：假设有这样一个中国人，他/她用 A 来代称。A 在居住城市、工作性质、身体状况、民族属性、经济情况、年龄等方面均可能处在任一区间。以医疗领域为例，假设 A 在医保报销后仍然面临困境，让我们来看看 A 在中国能够得到的三类帮助的特点。

一、第一个体系：政府提供医疗救助

（一）扶贫济困，无限公正的要求

2015 年之前，我国在城乡分别建有医疗救助制度，救助的对象主要针对低保对象和特困供养人员，2015 年民政部等部门发布了《关于进一步完善医疗救助制度全面开展重特大疾病医疗救助工作的意见》，明确在做好低保对象和特困供养人员救助的基础上，将低收入家庭的老年人、未成年人、重度残疾人和重病患者等困难群众，以及县级以上人民政府规定的其他特殊困难人员纳入救助范围，为保障人群缴纳基本医保参保个人缴纳部分，对重点人群提供基本医保的保障之外的费用进行救助，避免因病致贫返贫。各地根据自身的经济发展水平确定救助比例和限额，一般上限为 10 万左右，一线城市能达到 20 万。文件确定了几个基本原则，其中一条是公正公开要求公开救助政策、工作程序、救助对象以及实施情况，主动接受群众和社会监督，确保过程公开透明、结果公平公正。

以上政策的出台极大地提高了我国社会救助的覆盖范围和救助水平，对困难群众的基本保障建设有着积极的作用，然而由于财政资金有限，且需要无限公正，因此仅能在社会的一个横切面起到作用。从覆盖范围来看，政府提供的社会救助对服务人群有着严格的要求，而筛选接受社会救助服务人群的要求往往又有严格的前置条件，如参照每个城市都会定期公布低保、低收入人群的评定标准。

我们团队曾参与构建解决相对贫困长效机制的研究，发现界定绝对贫困的标准容易，但如何确定事实相对贫困和贫困边缘人群的界线却成了难点，而没有标准就意味着政府难以作为。在很多地区我们发现收入水平仅高于贫困线水平的劳动者家庭生活质量可能会低于被纳入低保的人群，而前者难以获得因身份带来的一系列保障。

从救助水平来看，我们通过政府公开数据随机抽选了中部某地级市某区在 2020 年 12 月公开的救助记录，此区该月共向 207 名低保、低收入和五保户提供了 91.341 万元的医疗救助，其中最低的为一位患恶性淋巴瘤的低保户，获得救助 15 元，有四位低保户获得最高救助金为 15 000 元；其中人均受救助金额为 4 412.6 元，中位数为 2 773 元。

从获得的便捷程度来看，虽然近些年政府通过信息系统在不断提高医疗救助申请的效率，但鉴于无限公正的要求，需要申请人提交大量的材料，以避免错发多发。大量的地区医疗救助一年仅集中受理几批，经过审核、审批和公示等多个环节，周期长，导致难以满足紧急的需求。

（二）无限公正的要求使政府既难以兜底，也满足不了高质量的需求

社会公众和财政部门对政府无限公正的要求，使得政府的救助必须有一把尺子和一套公式，保障绝对的公平公正。我们很难判断上文提到的收到 15 元救助的低保户的困境是否得到解决，但 15 元的额度一定是按照政策的要求精准地算出来的，多给或少给都不行。

政府的救助标准就像是一把"漏勺"，人群往漏勺上一漏，

符合条件的被兜住了，而不符合条件的则从洞眼漏下去，而这个人群却可能面临比困难人群更低的无底深渊。我们假设有这样一位奋斗的打工人 A，每日勤勤恳恳赚钱养家，家庭的收入水平不高，恰好超过低收入线，有一天他忽然倒下了，住进了 ICU，在很短的时间之内，这个家庭就会陷入赤贫或者负债的状态，但很难通过政府提供的医疗救助得以解决。不难看出，面对这种情况，政府难以做到真正的兜底。

此外，在脱贫攻坚决战之年，大家对于脱贫易解困难的现状形成了一定的共识。国家将低保线与贫困线两线合一，通过发放低保金、补贴和代缴保险等方式能够兜底解决最困难人群"贫"的问题，然而"困"的问题却难以得到解决。因为造成"困"的原因是多种多样的，其中还受到心理因素的影响，而且不同需求的人对困的定义也不一样。比如很多重度残疾人虽然享受了低保和补贴，但自理能力不足，在家庭关系不好的情况下，吃得饱穿得干净都很难做到。那么，我们是否能判定这些重度残疾人朋友"困"的问题得以解决了呢？

对无限公正的要求还使得政府提供服务本身不得不设定标准和规矩，但很多时候只能达到中等水平，而难以满足高质量的需求。如某省为全省贫困残疾人采购轮椅，免费发放给残疾人，采购的均是相对经济的医院用轮椅，导致无法满足残疾人自主使用、锻炼出行等多方面的需求。很多符合条件的残疾人领到了不想用，放在家里，而一些因为临时受伤或生病需要使用此类轮椅的人又不符合申领条件。而某企业通过中国残疾人福利基金会向该地区捐赠的儿童轮椅，是专门针对脑瘫儿童的需求设计的，在质量和使用感受上均得到家长的好评。

（三）社会选择空间极低

政府的医疗救助资金来源以财政拨款为主，而财政收入又主要来自税收。当政府收到税后，由政府通过民主议事程序进行决策支配，而支配的过程也是出于系统化、公平化的整体考虑，造成社会选择的空间极低。

二、第二个体系：公益组织①提供的医疗救助

（一）社会选择自由度大

公益组织在我国医疗救助领域发挥着重要的作用，国家的政策中也提到要发挥社会力量的作用。相对于政府而言，社会组织围绕自己的愿景和目标来开展公益慈善活动，对公正性的要求相对没那么高，符合公益性的原则就可以，因此具有一定的灵活性和敏捷性。

假如 A 是一名生活在西部农村的渐冻症患者，按照当地政府的救助标准，他能够得到水平较低的医疗救助，但难以走出困境。一家专门支持渐冻症患者的北京公益组织，可以在评估 A 的家庭情况后对他予以支持。公益组织选择性地救助社会中的一小部分人也可以被认为是公益性（这个选择满足非特定原则，不涉及利益关联），即救助的标准既可以高于政府的标准，也可以低于政府的标准。例如有的组织只服务特定年龄段的女性，有的组织只服务特定职业的人群，有的组织只帮助某一种罕见病的人群，而有的组织只服务本社区的居民。有时他们也会支持一个个案，但并不是为了仅帮助他一个人，而是因为这个人是一个人群中的非特定的某个人。

一方面，公益组织可以在公益性原则下选择自己组织要支持的目标群体，在这个群体下根据组织自身认可的公平原则选择受助对象。例如公益组织 X 可以选择仅支持卡车司机这一职业脆弱性的人群并为其提供大病救助，另一个公益组织 Y 也可以选择救助对象为新冠抗疫中被感染的医务工作者。

另一方面，捐赠人的社会选择性也很大，这个选择既包括选

①　这里的公益组织包括互联网公开募捐平台上开展医疗救助的公益组织，也包括线下的公益组织。因为提供这类支持的公益组织不仅仅局限于线上组织，只不过当前互联网平台上的医疗救助比重较大。

择捐与不捐，也包括捐哪个组织、哪个项目，甚至是项目中的哪个群体，其中既包含理性的成分，也包含感性的成分。互联网的普及和互联网募捐平台的发展使得捐赠人能够通过网络获得更多的信息，因此选择的空间更大了，本书的第二部分已就这个问题作过论述。在新冠肺炎疫情初期，政府公布了几家官方的捐赠渠道后，仍有大量的社会选择空间供捐赠人选择支持社会化的基金会。有时候捐赠人的社会选择自由度也可能会影响社会组织的选择自由，他们会限定受助对象的人群、数量和类型等，如果他们资助的对象不是特定选择资助人的关联方，而是按照在选择范畴内相对公平的原则，那么也是公益的。

对于政府难以帮助的漏底处和满足不了的高质量需求，均可以由公益组织来提供服务，只要是有某个公益组织将此特殊的部分作为干预目标，设计公益项目开展筹款进行救助。因此从单一社会组织来说，他们的影响范围可能仅仅是一个有限的地区或是一个有限的人群，但是从整个社会层面来看，社会组织的数量越多，政府难以覆盖的漏底处和高质量的需求被满足的可能性就越高。从而整个社会的服务就会更充分，最终在充分选择的情况下，就可能覆盖得较为全面，其情形类似于市场中企业可以覆盖方方面面需求的繁荣景象。

但由于目前国内社会组织的种类和数量还并不充分，捐赠人的选择意愿往往也受到热门事件和社会认知的影响，导致对于某类人群的救助缺少关注和资助，如针对困难植物人的托养目前无论是企业还是个人捐赠人都很少问津，虽然社会组织并不能解决所有的问题，但是能在其介入的领域起到好的影响。

（二）提供资金之外的专业服务

政府救助以资金支持为主，而公益组织提供的医疗救助除了关注资金的需求之外，还关注因为医疗和贫困给受益人带来的综合困境，如提供资金之外的多种服务，关注困境人群的身心发展和长期康复。

北京爱力重症肌无力服务中心，虽然通过互联网募捐平台仅能为每位病重病友提供不足一万元的资金支持，但他们建立了专业的资源网络，通过自组织的建设搭建康复社区，利用康复明星同侪感染的力量帮助大量重度残疾人和失去自理能力的人实现了自主自立的生活。北京新阳光基金会在医院设立"病房学校"，从心理上和学业上给长期住院的儿童以支持。北京新生命养老助残服务中心帮助脊髓损伤者进行自理生活训练和技能训练，帮助他们逐步实现生活自理和就业增收。

三、第三个体系：个人求助平台的医疗救助

（一）填补政府和公益组织的空白

我们经常会收到来自朋友的询问："A 生了某某病，有没有公益组织能够帮助？"那么首先我们会问 A 的家庭情况和治病需要的费用，往往在综合分析之后，发现无论是政府还是公益组织都无法给 A 提供有效的帮助。由于 A 是同我们大多数人一样的普通劳动者（打工人），虽不富裕也不贫穷，原本靠着自己的勤劳过上了小康的生活，但恰恰不符合政府无限公正规则下帮助的条件；而 A 生的病虽十分严重但不够罕见，所以没有关注支持这类人群的公益组织。这时你就会发现如果没有别的帮助形式，A 会非常的无助与绝望。

中国人有互帮互助的传统，作为朋友往往会给些慰问金对其进行抚慰。但这些支持不足以帮助 A 接受良好的治疗，A 的家庭还是会因为医疗费从小康走向负债累累的境地。当一个家庭跌入谷底后，他们的朋友才会遗憾为何没有早知道这家的困境，如果适时地知道信息就能够避免悲剧的发生。在传统的社会里，会有人帮着在亲友间传播消息，让更多的亲友知道这个困难，上门去提供心理和经济上的抚慰。而随着互联网技术的发展和国外个人众筹模式的引入，这种传统的互帮互助在个人求助平台上获得了发展。

例如，某个学生因家中唯一劳动力的父亲突发重病需要 40
万元的医药费时，周围的老师和同学都很想帮助他，但每个人的
支持也不足以解决这个困境，而个人求助平台是他在这个社会上
的最后一根稻草。首先，他父亲有稳定的收入和社保，虽然不高
也不属于贫困人群，但是长期住院使他面临着失去工作而断薪断
保的风险，而且政府的绝对公平标准也无法为未来的贫困提供救
济；其次，虽然有很多公益组织提供"顶梁柱"保险这类能有效
减弱此类家庭脆弱性的公益产品，但他父亲已经病重，这类公益
项目不再适用，而当前也没有针对普通中年男性重症病例医疗费
的公益项目；最后，资助大病救助的公益组织中没有和他父亲的
年龄段和病种匹配的。最终通过个人救助平台，他获得了 20 多
万元的资助。

如果 A 家庭相对贫困，有多种疾病，且个人的社会资本薄
弱，其亲朋好友的经济也很可能不富裕，那么我们经常看到政
府、公益组织、互助平台三个台阶都被选择后才能解决困境。在
北京郊区有一位寡居的盲人，孩子还在读小学，她享受着北京市
的低保和居民医保，由于日常生活十分困难，政府购买了一家公
益组织的服务，每日中午去家中给她送餐。因为突发疾病，她需
要支付高昂的医药费，村委会帮她申请了各种政府能提供的救
助，但仍不能满足其需求，同时，公益组织能提供的帮助也有
限。这时村委会又帮助她在个人求助平台上申请了求助，为她筹
集了近 5 万元的资金。在政府救助、社会组织救助和互助平台的
共同帮助下，她的家庭顺利渡过了难关。

（二）社会选择自主性大，无关公平公正

这种供给方式与政府和公益组织供给最大的区别是：互益与
公正性和公益性无关，而是人们完全的自主选择。这个社会选择
体现在几个方面：

首先是求助人的社会选择。相较于严格对标申请条件、注重
隐私保护和人自身发展的公益组织来说，求助人通过互助平台求

助需要承担更大的心理负担：隐私暴露、尊严感受挫和公众质疑是个人求助不可避免的问题。互联网技术的普及改变了人们的亲疏关系，使人与人的距离迅速被拉近，实现"天涯若比邻"，这时建立在传统亲友关系基础上的互助卷入了更多不认识 A 的人，随着人际关系圈层越来越疏远，一些对 A 没有什么感情的人可能也会收到信息，并对此产生反感与质疑。当这个圈扩得更大，也可能引起网络暴力。

但是当一个人对生命的渴望和对未来美好生活的向往（有可能是不想过于拖累家人的考量）超过了对人情世故的恐惧时，他们还是会选择在个人筹款平台上求助。因此，在个人求助平台上，我们看到各行各业各种收入水平的人在求助，其中有的是政府官员、大学教授和企业高管，他们通常是将颜面和尊严看得很重的人群，往往从政府、单位、公益组织以及家庭都难以解决困境，走投无路时发起个人主动求助。而个人求助平台正是在发起人无助时，给了他们一个选择。

其次是捐赠人的社会选择。政府并不会鼓励也不会反对捐赠人选择个人求助平台进行资助，这主要体现在政府不会为捐赠人的选择而让渡部分税源享受免税优惠。捐赠人有捐与不捐、转发与不转发的自由，不管选择的动机是什么，个人求助平台上数亿人次的爱心互助完全是建立在捐赠人的个人自主社会选择上。

捐赠人可以选择仅支持认识的人，不管他是贫困或是富贵；也可以选择仅支持贫困和苦难的对象。而这时平台需要做的就是保证信息是真实的，没有误导性或诱导性，能够确保其在做决策时的确是自主意识的表达。

（三）面临的风险——对自主选择的破坏

从干预捐赠人的角度，在现实中我们发现在个人求助平台和某些公益组织的筹款宣传中，都有意无意地混淆公益与互助的边界。几乎所有的个人求助平台都没有尽到充分提醒捐赠人是在赠予款项给个人的义务，从而造成部分捐赠人以为自己是在参与公益项目；而同时一些公益组织在进行针对某一人群的救助类项目筹款时，使用特定"易筹款"救助对象的个人文案，特意弱化非特定性，因此造成了部分捐赠人和受益人对公益组织产生了虚假宣传诈捐的质疑。究其原因，这些平台都是通过文字游戏来干预捐赠人的自主选择空间。

在整个社会的范围内，有的人更愿意直接支持个人，有的人更愿意支持公益组织，有的人就事论事不在意具体是个人还是公益组织。而某些个人求助平台和公益组织希望通过对捐赠人情况进行模糊化处理，从而让原本没有意向使用自己平台的人也能够通过自己进行爱心捐助。这种做法违背了诚信公开的原则，也给公众带来了更多的认知障碍。

而更为严重的则与虚假宣传有关，一些个人求助平台将公益、互助、保险平台整合运营，通过个人求助平台吸引了流量和获得其个人信息数据之后，进行保险营销，且有意误导消费者。不难发现，每每跳出的"你已获赠 X 百万元保障""一元送 X 百万"的保险广告总是将真实要交的费用放到最不起眼或看不见的地方；而这种赤裸裸的虚假宣传转化成了很多捐赠人的保险消费，让普通公众本不清晰的公益和互益的认知更加混乱。

从破坏受益人的自主选择来看，这种情况在个人救助平台上比较常见，救助平台的工作人员以"志愿者"自称，到医院里拉拢"客户"（求助人），帮助部分求助人不合规地上线求助平台。更为严重的则是前两年出现的个人求助平台为了争病人打架事件。这些行为都干预了受益人的自主选择，对社会和受益人本人都可能造成伤害，有的受益人因公开的信息不准确受到了网络暴力。

四、归总：三个体系共同建构整体格局

归总来说，政府救助对公正性有着严格的要求，仅能针对标准线下的人群，缺少社会选择的空间，资助金额按照规则计算，计算结果往往低于真实需求；公益组织的救助不用对全社会都公

表 13-1　三种救助方式的体系情况

方　式	对公正性的要求	针对人群	受助人社会选择空间	出资人选择空间	个人获得资助金额	社会问题的解决	与捐赠人税的关系	互联网＋
政府救助	100％	仅标准线下人群	无,依标准申请	低	中,按政策计算	转介	依法纳税是法定义务	电子政务平台
公益组织救助	60％	符合社会组织资助条件的对象	有,根据公益组织的宗旨和捐赠人的选择	中	儿童领域相对较高,其他较低	关注	捐赠可以依法抵除部分税收	互联网募捐信息平台
个人求助	0	任何人	有	高	与社会资源相关,社会资源越大,受资助额越高	无	不享受免税	个人求助平台

正，而是可以在公正公开的原则下仅救助社会上的一小个群体，有一定的社会选择空间，这种形式中资助资金和捐赠人的选择相关性高；个人求助是个人间的互助，公正性为零，自由选择空间极大，资助金额和求助人本身的社会资本相关。

通过对医疗救助方面的供给侧勾勒，可以看到政府救助、公益组织救助和个人求助互为补充，从追求无限公正的政府救助，到社会选择更加多样的个人求助，构成了更加完整和充分的社会救助网络，使我们社会上更多的人能够受益，免于跌入深渊（见表 13-1）。

当然，医疗救助并不能解决所有的问题，随着我们国家经济水平的提高和社会福利水平的提升，国家的保险体系更加健全，覆盖的病种和药品越来越多，人民的参保率越来越高，可以让更多的人无须进入到救助的路径。那么公益组织通过专业服务解决社会问题和温暖人心的作用就会更加凸显。

第十四章　关于平台观察的
方法论问题探讨

在这个章节，我们将进入到观察或研究互联网募捐平台的方法论层面，或者说我们该从怎样的角度去洞察当前这些互联网募捐平台上面发生的事件，并开展讨论。

一、直面一些批判性观点

（一）需要积极面对这些观点

在这一部分中，我们将会列举出一些关键争论点，这些争论点源自一些专家学者或行业内的资深专业人士的批判性文章。这一部分不是要解决这些话题本身，而是借助这些话题来阐述我们所倡导的解决问题的方法论和思路。在这个思路里，这些争论点是有贡献性的，至少我们要将其充分运用起来，对领域发展起一种积极性的建构作用。

（二）争议性观点举例

这里仅列举部分争议性的观点。例如有一种批判性观点认为，当下在小型公益组织与大型募捐平台的对话中，二者之间的对话能力是不对等的，因此就会出现小型公益组织被大型平台裹挟的现象。结果是，这些小型公益组织可能会将筹款量错误地认作是自己组织的唯一目标，而丢失了自身本来的使命；或者还有可能被动地卷入到大平台制定出来的诸多玩法中，而走入一条不可逆的道路。

再如，还有一种观点认为，一些互联网募捐平台在其运转背后有着明确的商业目的。有人力求揭露出这些在做小善背后有更大商业动机的平台，将公益行动与商业动机置于一种明显的张力关系中，严重时甚至会得出"商业目的一定会危害公益动机"的判断。

还有一种在更早期的时间里就已经出现，并且至今仍未彻底消退的争论观点是：在公益领域突然卷入这么大资金量的情况下，我们该按照一种怎样的公平原则进行分配？其中的焦点是：对于小型公益组织，我们应该是倾向于支持其中能力更强的，还是能力更弱的"弱势群体"？

此外，还有许多观点与发现直指互联网募捐平台的诸多具体不当之处，在这里不一一列举。

（三）所选择观点的边界

这样一种批判性观点可以沿着向上或向下两个方向走。向上意味着这种观点揭露的问题更加严重，所陈述的事实真实可靠，因此已经不仅仅是一份争议的问题，而必须让政府执法部门介入，类似于深圳"罗一笑"事件①反映出的筹款过程中的虚假或隐瞒问题。向下则可能是观点发布人的一种低级误读，或者事情本身无所谓，但在观点发布者看来则是令人难以忍受的，这种观点在一定程度上可以忽略。

向上和向下的两种情形都可以不进入本章所讨论的话题范围，这里只关注那些有一定的正确性和攻击力，必须让我们认真重视，但并非全部准确、完全正确的情形。

二、针对这些观点需要做什么

本书已经就互联网募捐平台的诸多方面进行了系统化、全面性的分析，理论上能够回答这些观点。但事实上，我们做不到这一点，而且也不想这样去做。相反，我们会把这些观点的出现看作是一种建设性的贡献，并试图通过各种不同的路径对一些观点予以有效的运用，进而能够让大家更具有理性地独立思考，并能够从现象中进行判断或解惑。有三种可选择的运用方式：

（一）补上动作的后半截

这里将批判性观点的提出看作是动作的前半截，在此之上还需要加上动作的后半截才能完成一个有效的系统性建构。

先谈两个概念：P 问题（Problem 的含义）和 Q 问题（Question 的含义）。从字面意义上就可以看出二者的本原含义，其中 P 问题看到的是对方出了问题，因此我们有足够的理由加以指责，甚至将执法系统引入其中；而 Q 问题则是进行提问，认为对方正处于发展的过程中，由于发展而出现了某些附带性的问题或路径障碍，于是通过提问来消除疑惑，以促使其加以改善，获得我们所期盼的结果。

---

① 2016 年 11 月 30 日上午，一篇《罗一笑，你给我站住！》的文章刷爆朋友圈，文中称深圳本土作家罗尔的 5 岁女儿罗一笑被查出患有重病，医疗费很高。心急如焚的父亲没有选择公益捐款，而是选择"卖文"，如果多转发一次这篇文章，便会为笑笑的治疗筹款多增一元钱。随即，有网友称此事为营销炒作，罗一笑的治疗花费并不像文中所说的那般高额，而且罗尔在东莞与深圳均有房产，善款也早已筹齐。

P 问题和 Q 问题或许都看准了事情的真相，但它们所带来的效果却并不相同。面对 P 问题，批判对象所产生的可能是一种抗拒性的反应。他们可以呈现出自己所面临的困境，阐述出现这一问题无法避免的原因，他也完全可以将从自己的视角上所看到的"真相"呈现出来，然后告诉我们诸如制度体系的不完善、政府部门的不作为等现实困境。因而就 P 问题产生的冲突与争议通常是未必有解的。即便有时 P 问题真实而严重到一定程度，被批判方的确可以去认真面对加以解决，但他们并不是以平和的心态去积极行动，而可能抱着一种不得已而为之的心态。

针对这种情况我们需要做的是：将这样一种 P 问题的提出看作是解决问题动作的前半截，然后由第三方补充后半截。其中需要做的动作通常包括：确认这一问题说得是否有道理。如果有道理，那么还需要回答在什么条件下它成立，在什么条件下可以去推动被指定对象加以完善和解决，在完善和解决的过程中需要怎样的辅助条件和外界配合，以及我们能否助一臂之力，以便帮他们实现改进和更新等。

将两个半截加到一起，便完成了一个完整解决问题的通道。它起源于社会中一部分人的观察和发现，终结于以建设性的方式递送到批判对象处并进行有效改进。因为有了后半截的动作，前半截这种批判性的问题即便是有错误或不足之处，它们也不再被看作是一种恶意挑刺，而是一种建设性意见的成分。

（二）建构多方对话的平台

将这些观点放到一个特定平台上，由此引出大家更加积极性的对话。这里的看法是，那些批判性的观点至少在这一意义上是有建设作用的：它们把领域中的话题深化，引导我们去思考根源处的成分。

通常一些有深度的观点很难在短期内被大家彻底清楚地认识，需要一个讨论对话的平台，而不是简单的就其观点而就范或将该观点作为一个恶意批判而抛弃。例如"小型公益组织被大型募捐平台裹挟着走"这一话题，其中观点之一可能是明确认定这是一种"裹挟"行为，但另外一种观点则可能会认为这是小型公益组织学会契约精神、理性选择和自律的难得的学习途径。随着时间推移，他们可能会逐渐认识到这是一种特定的"公益玩法"，进入这里就需要在做出一定承诺后获得规则下的相应收益。他们还会认识到，这不是一个"抢钱"行为，更不是一种无意识地或被迫被裹挟进去的旋涡，这里是一个需要人们自己做选择并对此负责的场所。而且，做出这种选择是有前置条件的，遵循契约精神。

当然小型公益组织慢慢也会看到自己在这里能够获得的收益是什么。从外表上看，这就是一笔筹款，但如何学会将这份钱在机构内最有效地利用，却是一份新的任务目标，从而使之与原来把它当成是一份"白赚"来的钱的感觉并不一样，后者会让这笔款项被廉价地对待，而未必能够纳入沿着组织使命发展的深层次轨道中去。如果能将认识深化到这个层面上，对问题的判断将会更为准确；若想深化到这一点，最初的问题提出者以及后来对话平台的建构者分别需要做出各自的贡献，当然对话和争论却也未必到此中止。

再进一步，仅就小公益组织要做出自己的承诺这一点，也会有观点的分歧。一种观点认为，这对小公益组织是不公平的，他们的承诺是在外界胁迫下做出的，因而这是一种权力不对等的行为；而另外一种观点则认为，小公益组织的任何选择都是他们自由自主决定的，拒绝并不会有额外的损失，所以他们需要对自己的承诺负责，而不要被诱惑；或许还有第三种观点，从互联网募捐平台的角度来看，其并没有任何胁迫小公益组织的动机，他们也在试图探索多方互赢轨道的构建，这种探索包括不断地更改规则。更改规则不是为了不断将对方卷入，而是让公益"玩法"更客观、公正且能尊重每一方的利益。

互联网募捐平台的确是如此想的，也是如此去做的，但只有进入他们的视角与他们开展深度对话，才能看到平台真实的做法的确如此。通过对话，平台可以更加清晰地表达自己，使双方产生相互理解，促进平台能够从不同利益相关方的视角去思考问题并看到共赢点的存在。

对话平台还可以勾勒出时间的维度，让我们看到随着规则的改变，这种共赢的局面是如何逐渐浮现以及领域内的秩序是如何从混乱逐渐恢复平衡的。所以建构对话平台也等同于一个广义的"动作的后半截"，只是这里的后半截建构得更为综合；这看似是一个对话平台，但或许其还可以包含更多内容，例如各平台数据展示，更综合化的观点呈现，不同观点的多次对话等。

不管形式如何，对话平台都需要被注入精髓，即将对话引入到理性的、建构性的轨道上，即尽量将 P 问题转化为 Q 问题。然后把提出问题作为起点，并从起点走向带有共赢属性的目标点。

（三）思路的解读

下面从两个视角来阐述"补上后半截的行为"。

第一个视角是我们在公共管理领域一直倡导的"红箭头效应"。其意为，对于任何一个具体的基层行动者 B（Basic 的含义），在面对他们的问题或不足时，不应仅仅通过管控批判这样的单一行为方式（这里可以称之为"黑箭头效应"）进行回应；还可以通过另外一种方式，即支持方式，去帮助他们并与其形成合力一同解决问题，这就是所谓的"红箭头效应"。从公共管理理论和实证研究中看出，支持将发挥不同于管控的效果、效率。若能实现"红箭头效应"，整个事情将会获得一份更有效的结果产出，且对于相关方的反馈激励也更佳。

第二个视角是，在当下的互联网募捐平台领域，表面看起来这是一个巨大的机遇空间，但同时也是一个挑战空间。那些先行者可以被看作是"命运的宠儿"，但从另一个角度来看，他们同时也需要投入巨大的努力，且他们时刻行走在面临风险、应对挑战、继续前行的道路上。在这里很难应用非黑即白的标准进行简单评判，也很难对先行者仅用"黑脸包公式"的唯一执法手段来面对。而补上来的这后半截恰好就是在"红箭头效应"下发挥的因素，即把"黑箭头"加以转换运用，成为支持性的成分，从而能够对当下处于快速且艰难发展的领域提供有效帮助。

三、原理分析（一）：落地一套制度与运作机制

（一）从云端争论到制度落地

近期某个媒体热点话题：一位医生在一家私立医院治疗青光眼，结果出现了问题，后续受害人不断地借助于自媒体空间来揭露对方、博取同情、"伸张正义"，即便在评论区有人已经指出另一条道路，即通过制度化路径来解决问题，包括司法裁决和医学会的医疗裁决。这两种途径都是正式的制度设计，设计的目标是维护消费者与医院双方的权益。但在众多类似事件中，许多人都能找到足够的理由绕过这些可行甚至成熟的制度而诉诸新闻媒体。

有趣的是，在检索这些医患关系冲突时会看到，现实中存在非常高比例的案例显示出人们更愿意诉诸自己或媒体来解决冲突，如用拳头、用刀子、媒体曝光等。即使人们知晓甚至能熟练使用正式制度体系的解决方式，他们也会优先选择自己或媒体；而真正落实到制度设计轨道上，通过理性方式来解决问题的案例少之又少。

与此类似，回顾公益领域近十年的"公益丑闻"便会发现，公众对一个公益慈善组织有所怀疑时，几乎都是优先诉诸新闻媒体与社会公众的力量，以至于正式渠道如诉诸政府管理部门、通过司法机制的案例则少之又少。某些即便已经引起媒体热点关注，建议他们进入正式解决问题的制度轨道，当事人也并不买账。

除了政府依据司法体制建构的解决问题通道之外，在许多行业领域也有行业内解决问题的机制，甚至连街道社区都会设置有

解决社区冲突问题的居民议事厅制度。但当前整个公益领域，在冲突性事件、丑闻性事件如此频繁高发的背景下，并没有这样一种制度，甚至连一些非正式的议事协商机制都很少见到。

根据上文所阐述的案例，可以把社会中问题的暴露与解决机制划分为两个层级（见图 14-1）：第一个是顶部层级，第二个是底部层级。顶部层级是借助于媒体、官方的重视，借助于政治机制来解决问题；而底部层级则是借助于法律法规、正式的制度设施，借助于议事协商制度等来解决问题。划分出两个层级之后就会看到，现实社会中，在问题出现并选择解决路径时，选择顶端层级的摩肩接踵，而选择底部层级的则门庭冷落。

图 14-1　问题产生时解决的路径选择及产生的效果

在顶部层级，人们会借助于道德制高点的视角、正义的话语、政治的正确作为自己所诉诸的力量体系，把媒体、官方和更多的社会公众作为自己求助或"绑架"的对象，来解决自己所要解决的问题。而在底部层级，则强调诉诸科学与理性、程序公正和每一个人的契约精神，从而形成一套制度化的协商机制。二者显然是完全不同的两套话语体系，其中顶部话语最终进入到了自上而下的社会管理体系，其中行动权力和政治正确起到了最终的支撑作用；而后者则可以让法律成为国家社会治理的基石，让协商合作、契约精神和规则意识在此体系中有成长的空间。

至于为什么当前公众更愿意诉诸顶部规则而不愿意进入底部规则，归根结底不管它是传统文化上的习惯原因，还是政治体制上的原因，抑或底部的"基础设施"设置不足或不完善的原因，这里暂不加以展开。但至少我们需要看到当前应有的努力方向，而不是一直停留在顶部规则，这将是一件非常可怕的事情。

互联网公益是一个新兴领域，在这里我们同样可能会进入到顶部规则的轨道，而这个时候就需要我们共同做出一份应有的努力，即铺设底部制度与规范体系的铁轨，然后引导那些停留在顶部的争端降落到底部制度化解决问题的轨道。

（二）从底部制度进入社会选择的轨道

我们可以建构这样一个对话平台，引入更多的观点、产生更多的争论，其目的在于能对事情的认知不断深化。这不仅有利于澄清 P 问题的答案，还可以促发各种不同答案都一并在此呈现，让公众看到真相，获得更为系统的视角，产生信息对称效应，进而为他们进行有效的社会选择服务。

实际上，在我们的设想中，最根本的目标是要建构一个各个互联网募捐平台的信息公开场所，即一个相关话题的争论与探索的场域，呈现相关"真相"，从而服务于社会选择机制。

谈到社会选择机制，又涉及了刚刚讨论过的顶部规则和底部层级。同样是社会选择机制，其也可能会被卷入到顶部层级，进入到社会公众的风暴式监督之中。它也可以进入到底部层级，各个利益相关方在相互知情、信息对称的情况下进行各自单独的选择，形成互动、协商或者是冲突。实际上，真实意义上的社会选择是后者，是四类主体依据自主决策而进行的选择。而一旦进入顶部层级，进入到媒体热点、公众关注甚至整个社会道德绑架的层面，任何一家组织卷入其中便有理也说不清了。

当然，当社会选择机制中的任何一类主体做出过分行为时，也应鼓励媒体进入加以"棒喝"，新闻媒体、解决问题正式的制度路径和社会选择机制在其中发挥着各自不同的作用，他们各自拥有不可或缺的独特优势。

（三）"底部层级"的综合作用体系

底部层级包含多个方面的内容，包括：

第一，遵守相应的法律法规。法律法规保障的是"交易"

（选择）中每一方的权益；并且还要保证，参与的多方在其中都是在追求一份能促进社会公益事业的社会价值，即公益性。

第二，在法律法规的基础上，还有相应的"交易"规则。这份规则实际上也相当于每一个利益相关方进入其中交易的事前性承诺。在此过程中，人们需要学会契约精神和规则意识。

这里的规则由谁制定，以及是否公正合理？在当下，由于互联网募捐平台相互独立，他们有各自的"玩法"，于是多数规则是由他们发起并制定的。或许当前的规则并不那么恰当，我们也不能指望它们一步到位，但其中的关键是这些规则是否能逐渐合理，而不能一直"悬挂空中"。

第三，每一个利益相关方在其中都做到了合法性、自由选择性和追逐共赢性这三点，剩下的问题就是如何做到信息对称，然后大家自由选择。在互联网募捐平台上最容易出现的问题就是信息不对称，我们需要着力解决这一问题。

第四，实现信息充分对称。在此基础上，当每一个利益主体都是在追求社会公益层面的利益诉求时，就可以避免"店大欺客"的情形发生。

第五，以上诸多条件具备的基础上，如果还有什么具体问题，则可以通过底部的制度体系解决其中绝大多数的问题；若是再解决不了的，也可以诉诸顶部层级的作为。

当下社会中最缺少的还是底部制度体系的完整建构，我们希望在此做出努力。

四、原理分析（二）：积极性解决问题的视角

（一）破坏性视角 vs 建构性视角

前述的 P 问题和 Q 问题，分别对应着两条不同的解决问题思路，其中一个是破坏性的，一个是建构性的。当然在破坏性的思路下也有不破不立的说法，即通过破坏而产生更大的建构，或者是类似于"休克疗法"。

在我们的看法中，互联网募捐平台是一件好事，它能够给社会公益事业带来巨大的收益。目前它正处于发展初期，发展同时伴随着风险和问题，这不可避免。针对问题，我们将自身定位为建构性的视角。建构性意味着我们希望，即使是破坏性力量也可以进入建构的轨道上，可以将那些批判性的 P 问题也收拢进来，汲取它们的合理之处，然后将它们转化为 Q 问题，而重新提出。

这样做不仅可以消除 P 问题的危害性毒素，而且还可以将它们的价值充分挖掘和利用起来，使之能够发挥实质性的作用，而不仅仅只是揭露问题。

（二）"建构性"含义的扩展

更广义的"建构性"可以包含这样的成分：在一件新生事物出现时，有很多问题我们并没有在第一时间搞清楚，这时就应该鼓励一种批判性的思考，但对于答案却要秉承开放的态度。

有时候我们只是在挖掘问题本身拥有价值，但在答案提供上却可能走到错误的路径上。当我们的认识进一步深化或格局与视野更大的时候，也许会得到不一样的答案。所以，这时秉持开放的心态显得格外重要，同时也需要保持客观公正的立场。

（三）"建构性"含义的进一步扩展

我们在本书的第一章就写到互联网募捐平台四个维度的价值。在这四个维度中，筹款资金量和社会关注度是其中最基础性的维度，也是最易引人关注的一个维度。

当前，因为各方对该维度的过度热衷，可能会牺牲掉人们对其他维度的关注，而其他维度的意义却丝毫不亚于资金量和社会关注度，甚至有过之而无不及。于是，这就会导致我们容易以批判的眼光来对待在资金量维度上的关注。

本书更愿意使用建构性的视角看问题，认为资金维度上的贡献丝毫不能被忽视。这里的方法论思路是：互联网募捐平台的特征决定了它会从最基础的公益项目入手，从而让公益慈善组织近乎零门槛地进入；同时也让捐赠人在专业度上近乎零门槛地进入，因而促使公益资金量大大上升，使公益进入更多人关注的视野。

这种现象可以形象化地表述为，让公益募捐行为重新回归到公益事业的地平面上，然后再由此奠基上行，直至高端公益。公益底层的从零开始重新奠基或许并不是坏事，这是公益事业在互联网募捐平台上的一次重新"生长"。尽管公益的更高级阶段会更加美好，但也不能因此而否定其初级阶段的独特价值。

让我们转换到从四个维度出发进行思考，即尊重每一个维度上的独特价值；我们或许会更加器重颇有技术含量的维度，但那是一个单独发展的事情，单一维度上的发展不应以牺牲当下已有维度发展为代价，也不能为此否定已有维度的贡献。如果从建构的视角出发，希望促进平台的发展和提高大家的认识，则可以将这四个维度的道理都阐述清楚，并引导众多的平台机构朝向适合自身发力的维度进发。

参 考 文 献

一、行业报告

[1] 国双公益.中国慈善公益发展报告[R].国双数据中心,2018.

[2] 中国慈善联合会.2018 年度中国慈善捐助报告[R].北京：中国慈善联合会,2019.

[3] 新京报 特刊.第六届世界互联网大会内容汇总[R].浙江：乌镇,2019.

[4] Yin Chen，Weiwen Han, Ming Wong, Jiakai Yuan. Digital Philanthropy in China：Activating the Individual Donor Base[R]. Bain & Company,2018.

[5] UNDP CHINA.Internet Philanthropy in China[R].No.2 Liang Ma He Nan Lu，Beijing,2016.

[6] ABC 美好社会咨询社社会公益研究院.当公益遇见电商——公益电商行业趋势及运营模式研究报告[R].北京：ABC 美好社会咨询社,2018.

[7] 字节跳动平台责任研究中心.公益传播 3.0 互联网生态公益方法论[R].北京：字节跳动平台,2019.

[8] 腾讯 AI LAB,腾讯 AI LAB 2018 年工作回顾报告[R].深圳：腾讯人工智能实验室,2018.

[9] 腾讯基金会,腾讯研究院.腾讯公益十周年报告[R].腾讯基金会与腾讯研究院,2017.

[10] 中国电子技术标准化研究院.知识图谱标准化白皮书[R].北京：中国电子技术标准化研究院,2019.

[11] 中国扶贫基金会,方德瑞信社会公益创新发展中心.中国扶贫基金会腾讯"99 公益日"联合公益筹款模式探索总结与优化建议报告[R].北京：中国扶贫基金会 . 上海：方德瑞信社会公益创新发展中心,2019.

[12] 杨团.中国慈善发展报告蓝皮书（2018—2020 年）.北京：社会科学文献出版社,2018—2020 年.

二、文献文章

[1] Fox N . Use of the Internet by medical voluntary groups in the UK[J]. Social Science & Medicine，2001，52(1)：155-156.

[2] Putnam Barber. Regulation of US Charitable Solicitations Since 1954

　　　　［J］. Voluntas：International Journal of Voluntary and Nonprofit
　　　　Organizations,2012,23(3).

［3］　Susan D. Phillips. Canadian Leapfrog：From Regulating Charitable
　　　　Fundraising to Co-Regulating Good Governance ［J］. Voluntas：
　　　　International Journal of Voluntary and Nonprofit Organizations,2012,
　　　　23(3).

［4］　Scott A. Fritzen,Shreya Basu. The Strategic Use of Public Information
　　　　in Anti-Corruption Agencies：Evidence from the Asia-Pacific Region
　　　　［J］.International Journal of Public Administration,2011,34(14).

［5］　陶传进.《慈善法》出台后慈善组织的生存之道[J].社会治理,2016(05)：
　　　　37-41.

［6］　金锦萍.《慈善法》实施后网络募捐的法律规制[J].复旦学报(社会科学
　　　　版),2017,59(04)：162-172.

［7］　李斌.《公益宝贝社会价值研究报告》发布 可持续的公益生态已在阿里
　　　　巴巴平台形成[J].中国社会组织,2019(09)：32-33.

［8］　杨艳芳."互联网＋"背景下的公益事业发展研究[D].南京大学,2017.

［9］　陈小燕."互联网＋"背景下蚂蚁森林的实施现状与问题分析[J].现代商
　　　　贸工业,2017(21)：48-49.

［10］　潘琳."互联网＋"背景下社会组织多元协同监管研究[D].中国科学技
　　　　术大学,2018.

［11］　安冉."互联网＋公益"背景下消费者参与虚拟 CSR 行为的影响研究
　　　　[D].西南交通大学,2018.

［12］　冯叶露."互联网＋公益"的筹资模式探索——以 13 家慈善组织互联
　　　　网公开募捐信息平台为例[J].西部学刊,2018(12)：20-24.

［13］　周昕彤."蚂蚁森林"微公益传播的受众研究[D].广西大学,2018.

［14］　袁玥.协同治理视角下我国网络募捐治理研究——基于 T 平台的案
　　　　例分析[D].北京师范大学,2019.

［15］　王平.阿里巴巴与中国扶贫基金会联合发布"国际爱心包裹"项目[J].
　　　　中国社会组织,2019(06)：43.

［16］　李梦娣.场景理论视域下"互联网＋公益"的传播模式探索——以"蚂
　　　　蚁森林"为例[J].新闻世界,2018(06)：69-73.

［17］　徐铭遥,张秀英.从"互联网＋公益"兴起看公益众筹平台的现状及问
　　　　题[J].新媒体研究,2018,4(07)：100-101.

［18］　宋道雷,郝宇青.从传统公益研究到网络公益研究的变迁——中国公

益研究状况述评[J].社会科学,2014(02):28-38.

[19] 谭天.从渠道争夺到终端制胜,从受众场景到用户场景——传统媒体融合转型的关键[J].新闻记者,2015(04):15-20.

[20] 丁陈锋,王科,叶锡环.地方主流媒体打造"互联网＋公益"平台的探索——以温州日报报业集团"乐善365"平台为例[J].中国记者,2016(03):101-102.

[21] 刘园园.非营利组织网络筹款行动策略研究[D].南京大学,2018.

[22] 郭建芹.复杂网络结构范型下的社会治理协同创新[J].中国市场,2019(02):178＋180.

[23] 侯俊.公益众筹平台民事责任研究[D].华中师范大学,2018.

[24] 李健.互联网公开募捐平台规范管理研究[J].社会科学辑刊,2018(03):79-84.

[25] 徐家良.互联网公益:一个值得大力发展的新平台[J].理论探索,2018(02):18-23＋38.

[26] 柯湘.互联网公益众筹:现状、挑战及应对——基于《慈善法》背景下的分析[J].贵州财经大学学报,2017(06):53-60.

[27] 周俊,毕荟蓉.互联网募捐中的组织和平台特征及其影响——基于第一批公募信息平台上349个公益项目的研究[J].中国第三部门研究,2018,15(01):3-21＋198-199.

[28] 吴光芸,王晓婷.基于互联网平台的社会互助模式及监管研究——以公益众筹为例[J].改革与战略,2018,34(11):49-53.

[29] 郭亚丽.基于网络传播的公益众筹研究[D].湖南大学,2017.

[30] 张佚凡.价值共创视角下互联网公益活动参与意愿影响因素研究[D].南京大学,2018.

[31] 吴卉君,张洁.社会信任危机下如何规范网络公益众筹——以某氏"捐赠门"为例[J].江苏商论,2017(11):96-99.

[32] 马玉洁,陶传进.社会选择视野下政府购买社会组织服务研究[J].中国行政管理,2014(03):43-47.

[33] 黄如月.社交众筹:基于互联网平台的公益众筹研究[D].安徽大学,2018.

[34] 童婷.网络公益慈善发展研究[D].南京大学,2018.

[35] 田雨.网络募捐平台政府监管存在的问题及对策研究[D].东北师范大学,2018.

[36] 杨琳,张秀英.微时代互联网＋公益现状调查——以辽宁省大连地区

为例[J].中国报业,2018(12):30-32.

[37] 罗棱予.我国个人网络募捐法律问题研究[D].上海师范大学,2018.

[38] 秦添龙.我国互联网公益模式的创新建构及发展策略研究[D].华中师范大学,2018.

[39] 邱习强.我国网络募捐综合监管机制研究[D].山东大学,2017.

[40] 张语.我国新型农业众筹网站的比较分析[J].中外企业家,2017(36):46-48.

[41] 黄春蕾.协同治理视角下我国网络募捐监管体系研究[J].东岳论丛,2017,38(10):181-187.

[42] 崔娇娇.新媒介赋权与连接性行动:公益众筹的网络动员研究[D].南京大学,2016.

[43] 余芳.移动互联网时代下公益筹款的趋势[J].新闻传播,2016(04):25+27.

[44] 施文洪.以公益提升公信:媒体开展"互联网＋慈善"的载体创新和现实意义[J].中国记者,2016(07):96-98.

[45] 华若筠,邓国胜.治理结构对慈善组织透明度的影响——基于中国公募基金会的实证研究[J].公共管理评论,2015,20(03):15-28.

[46] 周秋光等.中国慈善发展的战略思考:历史与现实[J].湖南师范大学社会科学学报,2013,42(01):5-20.

[47] 张丙璐.中国公益众筹互联网生态格局的构建研究——基于36家互联网众筹平台的对标分析[J].现代商业,2018(02):231-234.

[48] 陈波,鲁斯玮.众筹超额成功的影响因素——基于淘宝众筹的实证分析[J].经营与管理,2018(01):78-82.

[49] 陶传进、朱卫国.专业权力的逻辑及其应用问.[J]中国非营利评论,2018(1).

[50] 陶传进.社会组织发展的四阶段与中国社会演变[J]文化纵横,2018,57(01):22-30.

致　谢

本书的完成得益于行业内各位专家老师、平台和公益组织伙伴对七悦研究团队的支持与专业贡献，感谢你们毫无保留地分享你们对整体互联网公益行业的所见所闻、所思所感，为我们的研究提供了丰富的案例和事实资料。在此，研究团队感谢所有参与和支持本书研究的各位伙伴。

首先，感谢比尔及梅琳达·盖茨基金会的资助与支持。我们团队从 2015 年开始深度关注互联网公益领域的发展，希望能够有一个系统性的梳理与总结的机会。基金会的支持不仅仅包括资金，还包括国际视野和人员的深度参与，并创造机会让我们和平台及公益组织有着更深的接触与互动，加快了我们的整体研究步伐，才让本书能够与伙伴们相见。

其次，本书是关于 20 家互联网公开募捐信息平台的研究，感谢腾讯公益、阿里巴巴公益、新浪公益、联劝网和公益宝等平台对我们研究的支持，感谢你们真诚的分享与讨论，并愿意将平台本身的做法分享出来，让我们看到多元和独具特色平台分化服务的细分市场。同时，与平台相关的上下游公益组织也是我们重点关注的研究对象，感谢儿慈会、SEE 基金会、扶贫基金会、壹基金、福基金、歌路营、融合中国、字节跳动公益等公益伙伴机构的参与支持，感谢你们接受我们的访谈，并将自身在互联网公益行业的做法与实践分享出来，为我们的研究提供丰富的事实资料与优秀做法。

再次，我们要感谢行业内的各位专家学者和资深实践者对我们研究的支持，包括郝睿禧、叶盈、马剑银、姜莹、庄伟、王志云、张彦龙、王方圆、龙英楠、冯凯等老师参与本书相关研究议题的讨论与分享，感谢你们将自身多年在互联网公益领域的实践探索与思考分享出来，为我们的研究进一步思考与深化提供丰富的事实依据。

本书由北京七悦社会公益服务中心团队共同完成，许多内容也来自于团队多年的观察与思考。其中陶传进、卢玮静、孙闻健、马莎、孟甜、曹茜茜、范娟娟、许英、何磊等参与了本书写作与修改校对。戴影、刘程程、赵小平、汪伟楠、刘蕾、张芳华等为研究的开展提供了重要支持。石天琼、宋逸男、张宁、季海燕、尚光耀和殷柳依等参与 20 家平台的捐赠体验和资料收集。

本书的写作也是在特别时期，新冠肺炎疫情导致我们经常只能在云端讨论，腾讯会议 400 多个小时，200 多次的会议次数是我们研究讨论的线上痕迹，互联网的确改变了我们的生产和生活方式。回顾两年多的研究和写作经历，一次次的讨论和推翻重建让人惊觉历史总是惊人的相似，看到六年前团队写《基金会评估：理论体系与实践》的后记中书稿反复被推翻重写的经历，这也许就是做研究的艰难与有趣之处，总是在自我批评与自我否定中前进。每次调研与讨论后既惊喜于新的发现，但也会更加知晓研究的挑战之处，面对互联网募捐平台如此一个发展迅速、时刻变化的体系，如何能够将其价值、运作机制以及对整个公益的影响系统性地阐述清楚是一个极大的挑战。

本书即使讨论和起草了很多次，但仍有不足之处，这只是我们团队对互联网公益领域研究的起点。当前第三批互联网募捐平台正在遴选，未来将有更多的平台主体出现，更多的平台类型出现，更加多元分化的格局出现，数字化时代的变化甚至让人措手不及。正如最后一章方法论中所探讨的，当前的互联网公益领域需要一个开放、多方对话的平台，不同的观点在这里呈现、对话并形成我们对行业建构性的力量，促进行业的整体性认识和相互选择。